Lesen
in der Grundschule

Ein Lehrerfortbildungsprojekt
des Landes Nordrhein-Westfalen
in Zusammenarbeit
mit der Bertelsmann Stiftung

Verlag Bertelsmann Stiftung

CIP-Titelaufnahme der Deutschen Bibliothek

Lesen in der Grundschule:
ein Lehrerfortbildungsprojekt des Landes Nordrhein-Westfalen/
in Zusammenarbeit mit der Bertelsmann Stiftung. –
Gütersloh: Verl. Bertelsmann Stiftung, 1990
ISBN 3-89204-034-6
NE: Nordrhein-Westfalen

© 1990 Verlag Bertelsmann Stiftung, Gütersloh
Verantwortlich: Dr. Hans-Dieter Weger
Leiterin des Referates Medienerziehung und Medienforschung: Dr. Ingrid Hamm
Redaktion: Ulrike Osthus-Schröder
Layout und Satz: Mohndruck Graphische Betriebe GmbH, Gütersloh
Druck: Gütersloher Druckservice
ISBN: 3-89204-034-6

Inhaltsverzeichnis

Beurteilungen

Vorwort

Trotz der Ausbreitung der elektronischen Medien und der weiterentwickelten Informations- und Kommunikationstechniken gilt auch
heute das Lesen als der Schlüssel zur Kultur und zur Teilhabe am ge-
sellschaftlichen Leben. Lesen ist für den Menschen, insbesondere für
den jungen Menschen, hinsichtlich seiner Persönlichkeitsentfaltung,
seiner Bildung, seiner Lebens- und Handlungsmöglichkeiten sowie
seiner Berufschancen von grundlegender Bedeutung. Im Rahmen einer umfassenden Medienerziehung muß dem Lesen als aktivem Ver-
halten ein besonderer Stellenwert beigemessen werden. Dabei
kommt es nicht allein darauf an, Lesefertigkeit und Lesefähigkeit,
also »Lesekompetenz«, zu vermitteln, sondern vor allem auch
Freude und Spaß am Lesen zu wecken und die Motivation zum Lesen herauszubilden und zu fördern. Nach der Überzeugung vieler
Experten sind gerade die ersten Erfahrungen der Kinder mit den Lesemedien im Elternhaus und in der Schule für die Entwicklung ihrer
Lesebiografie entscheidend. Wie Kinder Sprache und Schrift entdek-
ken, so lernen sie auch einzuschätzen, was ihnen diese für ihr Leben
bedeuten können.

Das Kultusministerium des Landes Nordrhein-Westfalen und die
Bertelsmann Stiftung kamen 1986 darin überein, in einem gemeinsamen Vorhaben zur Förderung des Lesens bereits in der Grundschule
zusammenzuarbeiten. Vor dem Hintergrund der oben dargelegten
Aussagen war es vorrangiges Ziel dieser Kooperation, Inhalt und
Methodik der Leseförderung sowie der Lese- und Literaturerziehung
im Grundschulunterricht weiterzuentwickeln und zu intensivieren.
Es wurde ein umfassendes Qualifikationsprogramm konzipiert, initi-
iert und bereits in den ersten Durchgängen erprobt. Eine Arbeitsgruppe von siebzehn erfahrenen Fachlehrern hat dazu unter der Leitung des Landesinstitutes für Lehrerfortbildung in Soest in einer
etwa einjährigen Projektphase ein detailliertes Konzept zu den breit
gefächerten Inhalten, zu verschiedenen Methoden und Techniken so-

wie zur Organisation und zum Ablauf des Fortbildungsprojektes für Grundschullehrer entwickelt. Nachdem die erarbeiteten Materialien didaktisch aufbereitet waren, haben die siebzehn Mitglieder der Arbeitsgruppe als erste Moderatoren der Fortbildung diese Materialien überprüft. Bisher konnten in dem Qualifikationsprogramm »Lesen in der Grundschule« bereits etwa 800 Grundschullehrerinnen und Grundschullehrer mit den neuen Ansätzen und weiterentwickelten Verfahren der Lese- und Literaturerziehung und vor allem der Leseförderung vertraut gemacht werden.

Die Projektpartner freuen sich, die Ziele, einzelne Methoden und vor allem erste Ergebnisse dieses außergewöhnlichen Projektes im vorliegenden Bericht einer weiteren Öffentlichkeit vorstellen zu können. Die bloße Beschreibung der Programmkonzeption und -gestaltung wurde bewußt als zu knapp und zu nüchtern angesehen. Die facettenreichen Berichte von Mitgliedern der Arbeitsgruppe geben der Projektdarstellung Leben und Farbe. Die dieses Projekt beispielhaft begleitende Evaluation belegt die Richtigkeit und Zweckmäßigkeit der Lehrerfortbildungsmaßnahme und zeigt deren besondere Wirkungsmöglichkeiten und erste Erfolge im Urteil der Teilnehmer auf. Die Projektpartner sind davon überzeugt, daß mit ihrem Kooperationsprojekt ein wichtiger Beitrag zur schulischen Leseförderung im Rahmen einer umfassenden schulischen Medienerziehung geleistet werden konnte. Sie hoffen, daß dieser Beitrag Gegenstand konstruktiver Überlegungen und Reflexionen in der Fachwelt wird. Besonders freuen würden sie sich, wenn diese Initiative nicht nur in Nordrhein-Westfalen, sondern auch andernorts aufgenommen und realisiert werden würde.

Für die Bertelsmann Stiftung danke ich dem Kultusministerium des Landes Nordrhein-Westfalen für die erfolgreiche und durch eine partnerschaftliche Atmosphäre geprägte Kooperation.

Dr. Hans-Dieter Weger
Geschäftsführer der
Bertelsmann Stiftung

Geleitwort

Lesen ist eine wichtige Form der Auseinandersetzung mit der Welt. Bücher vermitteln Informationen, regen die Phantasie an und fordern zur Auseinandersetzung heraus.

Angesichts der Bedeutung, die das Lesen für die Entwicklung der Gesamtpersönlichkeit hat, muß es nachdenklich stimmen, wenn eine Reihe umfangreicher Untersuchungen belegt, daß Schüler bis zum Ende der Sekundarstufe I immer seltener zum Buch greifen, relativ wenig schreiben und Lesen sowie Schreiben als mühevoll empfinden. Dies mag zum Teil entwicklungsbedingt, zum Teil aber auch auf die Art und Weise zurückzuführen sein, wie die Schule Leseförderung betreibt. Etwas Wichtiges kommt aber noch hinzu, das seine Wurzeln außerhalb der Schule hat: Kinder und Jugendliche verfügen heutzutage über andere Medienerfahrungen als ihre Lehrer. Sie sind anders mit Medien aufgewachsen. Auf der einen Seite haben sie ein vielfältiges und anregendes Medienangebot zur Verfügung, das es ihnen gestattet, viele Vorgänge in der Welt bereits sehr früh und sehr genau zu verfolgen. Auf der anderen Seite werden sie von dem nicht mehr überschaubaren Angebot überwältigt, in dem sich selbst Erwachsene oft nicht mehr zurechtfinden. Im übrigen sind es nicht nur die »neuen Medien«, die diese Erfahrungen verursachen, sondern auch der Büchermarkt ist unübersehbar geworden.

Eine positive Seite der Medienvielfalt ist jedoch, daß es selten so viele gute und erschwingliche Kinder- und Jugendbücher gab wie heute. Leseförderung in der Schule muß hier Orientierungshilfe geben und Lesemotivation aufbauen bzw. erhalten.

Die ersten Leseerfahrungen, die meist schon im Elternhaus gemacht werden, sind prägend. Leseförderung durch die Schule wird dann besonders wirkungsvoll sein, wenn sie möglichst früh – also schon in der Grundschule – einsetzt und kontinuierlich betrieben wird.

Leseförderung kann nur erfolgreich sein, wenn man diejenigen erreicht, die den Kindern den Umgang mit Büchern vorleben und die ihnen Literatur vermitteln. Ein produktiver und kreativer Umgang mit Texten in der Schule, durch den die Bereitschaft zum Lesen gefördert wird, setzt viel Engagement, Freude und reiche Sachkenntnis der Lehrerinnen und Lehrer voraus. Um Lehrerinnen und Lehrern in der Grundschule für diese Aufgabe Hilfen und Anregungen zu geben, führt der nordrhein-westfälische Kultusminister in Zusammenarbeit mit der Bertelsmann Stiftung seit 1988 das landesweite Fortbildungsprojekt »Lesen in der Grundschule« durch.

Vor Beginn der Fortbildungsmaßnahme konnten weder die Bertelsmann Stiftung noch der Kultusminister sicher sein, daß bei aller guten Absicht das Unternehmen auch erfolgreich sein würde. Um so mehr ist der Bertelsmann Stiftung zu danken, daß sie das Fortbildungsprojekt durch fachlichen Rat und finanzielle Förderung ermöglicht hat.

Der von Herrn Professor Dr. Tulodziecki erstellte erste Evaluationsbericht und die hohe Akzeptanz bei den Adressaten bestätigen heute in eindrucksvoller Weise die Qualität des Konzepts. Während der Vorstand der Bertelsmann Stiftung, Herr Reinhard Mohn, und Herr Minister Hans Schwier beim Beginn des Fortbildungsprojektes davon ausgingen, daß innerhalb von zwei Jahren etwa 350 Lehrerinnen und Lehrer teilnehmen würden, ist nunmehr als erfreuliches Ergebnis festzustellen, daß in den beiden vergangenen Jahren über 800 Lehrerinnen und Lehrer dieses Fortbildungsangebot gewählt haben. Das ist sicher auf die ausgezeichnete Arbeit zurückzuführen, die die Projektgruppe beim Landesinstitut und die von den Regierungspräsidenten eingesetzten Moderatoren geleistet haben. Auch ihnen spreche ich meinen Dank und meine Anerkennung aus.

Dr. Friedrich Besch
Staatssekretär im Kultusministerium
des Landes Nordrhein-Westfalen

Leseförderung in der Grundschule

Gerhard Eikenbusch*

Vielleicht hat es angefangen mit dem Greifen nach etwas Buntem, Glänzendem, mit dem Staunen über Farben und Formen. Zum ersten Mal ein Buch sehen, versuchen, es anzufassen! Ein Plastik-Leporello mit simplen Abbildungen oder eine Zeitung, ein bunter Prospekt, ein Versandhauskatalog. Rascheln und Knistern der Seiten. Neugier. Dann Geschichten hören. Gespannte Aufmerksamkeit. Immer wieder müssen die gleichen Stellen erzählt oder vorgelesen werden. Die kleinste Abweichung wird sofort bemerkt und empört (später stolz) berichtigt. Was in ihnen erzählt wird, lebt wie alles andere auch, es ist wahr. So werden Odin und seine beiden Raben, Hugin und Mugin, von bloßen Sagengestalten zur bedrängenden Realität. Ein Schauer läuft über den Rücken, wenn von diesen riesengroßen Vögeln mit dem schwarzblau schimmernden Federkleid die Rede ist. Angst kommt auf, die beiden Raben könnten ins Kinderzimmer fliegen. Schnell wird das Fenster geschlossen, werden die Vorhänge zugezogen. Beim Einschlafen immer noch die Frage, wo Hugin und Mugin wohl heute sind, was sie Odin berichten werden.

Erstes Lesen: ein dickes, rotes Lexikon unten im Regal, unendlich langes Betrachten der kleinen Bilder, mühsames Enträtseln der schwarzen Linien, in denen Unerklärliches verborgen ist, Buchstabieren, Sinnfinden. Und endlich das erste eigene Buch! Jean-Paul Sartre hat diesen Moment in seiner Autobiographie »Die Wörter« beschrieben:

»(...) Ich konnte noch nicht lesen, aber ich war so sehr Snob, daß ich verlangte, *meine* Bücher zu erhalten. Mein Großvater ging zu seinem Gauner von Verleger und ließ sich die ›Märchen‹ des Dichters Maurice Bouchor geben, Erzählungen nach Volksmotiven, dem Kindergeschmack angepaßt (...). Ich wollte unverzüglich mit den Ein-

---

* Wissenschaftlicher Mitarbeiter des Kultusministers des Landes Nordrhein-Westfalen

weihungszeremonien beginnen. Ich nahm die beiden kleinen Bände, roch daran, betastete sie, öffnete sie nachlässig »auf der richtigen Seite« und ließ sie krachen. Vergebens: Ich hatte nicht das Gefühl, sie zu besitzen. Ich versuchte, ohne mehr Erfolg, sie wie Puppen zu behandeln, zu wiegen, zu küssen, zu schlagen. Ich war den Tränen nahe und legte sie schließlich meiner Mutter auf den Schoß. Sie schaute von ihrer Arbeit auf: »Soll ich dir vorlesen, Liebling? Die Feen?« Ich fragte ungläubig: »Die Feen, ist das *da drin*?« Diese Geschichte nämlich kannte ich: Meine Mutter erzählte sie mir oft, wenn sie mich gründlich abwusch, unterbrach sich aber immer wieder, um mich mit Kölnischwasser einzureiben oder um die Seife zu suchen, die ihr aus der Hand geglitten war und nun unter der Badewanne lag; zerstreut hörte ich der allzu bekannten Erzählung zu; ich hatte bloß Augen für Anne-Marie, (...). Die Geschichte, die erzählt wurde, war nur eine Zugabe: sie war das einigende Band dieser Selbstgespräche. Immer wenn sie sprach, waren wir heimlich beisammen, allein, fern von Menschen, Göttern und Priestern, (...) inmitten der Feenwelt; ich konnte nicht glauben, daß man ein ganzes Buch schrieb, bloß damit diese Episoden unseres Alltagslebens darin vorkamen, die nach Seife und Kölnischwasser rochen. (...) Nach einem Augenblick hatte ich begriffen: das Buch sprach. Sätze kamen daraus hervor, die mir Angst machten: wahre Tausendfüßler, ein Gewimmel von Silben und Buchstaben, (...) so erfreuten sich diese Sätze an sich selbst und an ihren mäanderhaften Windungen, ohne sich um mich zu kümmern. Manchmal verschwanden sie, ehe ich sie verstanden hatte, ein andermal hatte ich schon vorher verstanden, und die Sätze rollten nobel weiter ihrem Ende entgegen, ohne mir ein Komma zu schenken. (...) die Wörter färbten auf die Sachen ab, verwandelten die Handlungen in Riten und die Ereignisse in Zeremonien. (...)[1]

Erzählen und Lesen erscheinen als das reinste Glück. Welten werden eröffnet, werden vertraut und veränderbar. Das Erzählte oder Gelesene wird erlebt und gelebt, es schafft und fordert gleichzeitig Beziehungen. *Für ein Kind gibt es nicht den geringsten Zweifel am Erzählen und Lesen. Kinder wollen lesen, und Kinder müssen lesen, wenn es ihnen auch nur einmal geglückt ist und sie nur einmal erfahren haben, was es ihnen bedeuten kann.*

Man mag einwenden, *so* sei Erzählen und Lesen heutzutage nicht mehr möglich. Aus Odins Raben seien doch Batman und Superman geworden, das Stöbern in Lexika werde durch Konsum von Fernsehmagazinen ersetzt, und Märchen würden nur noch als illusionärer Kitsch empfunden, abgedudelt von Hörspielkassetten. Kindheit sei verschwunden, Kinder lebten heute in einer für uns fremden Welt, heißt es. Sie können noch nicht sprechen, da haben sie im Fernsehen schon die ersten hundert Toten gesehen. Und sie können einen Gegenstand noch gar nicht richtig erfassen, da sind die Bilder bereits vor den Augen vorbeigeflimmert und zu Blitzen geworden, die sich ins Gedächtnis einbrennen. Bald können die Kinder die Tasten des Videoapparates oder des Kassettenspielers bedienen und nachmittagelang regungslos zuhören oder zusehen.

Ist das wirklich so? Ergebnisse wissenschaftlicher Untersuchungen scheinen diese Sicht zu bestätigen: So berichten Bonfadelli u. a. 1986, daß rund ein Drittel der Hauptschüler keine unterhaltenden oder Fachbücher und daß sogar 75 Prozent der Hauptschüler keine Jugendbücher besitzen, daß beim Zugang zu Printmedien noch stärkere soziale Barrieren bestehen.[2] »Während es insgesamt 42 Prozent Jugendliche und junge Erwachsene gibt, die mindestens mehrmals pro Woche zum Buch greifen (...) erreicht dieser Anteil einen Höchstwert von 86 Prozent bei Studentinnen und ist mit 15 Prozent am tiefsten bei berufstätigen Männern mit Volksschulbildung.«[3] Beunruhigende, besorgniserregende Ergebnisse.

In der neuen Medien-Studie von Saxer u. a. wird dagegen festgestellt, daß sich der Trend, daß junge Leute mehr Bücher lesen als ältere, nicht nur fortgesetzt, sondern sogar noch verstärkt habe.[4] In der Generation der unter 30jährigen gebe es mehr Menschen als in irgendeiner anderen Altersgruppe, die für Lektüre und Nutzung von Büchern genausoviel Zeit aufwenden, wie es der Durchschnitt der Bevölkerung für das Fernsehen tut.[5] Aber diesem positiven Trend steht entgegen: Beinahe 30 Prozent der Bevölkerung nutzen sehr selten bzw. nie Bücher[6], bei der Büchernutzung bestehen gravierende soziale und (aus)bildungsabhängige Unterschiede bzw. Benachteiligungen, die angemessene Gestaltung einer generellen Sozialisation mit Massenmedien funktioniert nicht im erforderlichen Maße. Leben wir etwa in einer Zwei-Drittel-Lesegesellschaft?

Diejenigen, die in und mit Büchern gelebt haben und für die Bücher ein Erlebnis sind, können und wollen sich mit dieser Vorstellung nicht abfinden. Deshalb beginnen sie, sich für Lesen und Bücher einzusetzen. Sie sind besten Willens und voller Überzeugung. Ihre Aktivitäten entfalten sich meistens in zwei Richtungen: Sie kämpfen gegen die Übermacht der Neuen Medien und gegen Konsumkultur, gegen alles, was Lesen verhindern oder behindern kann. Auf der anderen Seite setzen sie alles daran, die Position des Buches zu festigen und den Wert des Buches in der Gesellschaft durchzusetzen. Lesen wird zu einer Weltanschauung. Als Mittel ihres kämpferischen oder missionarischen Einsatzes kommt dann meistens ein Zaubermittel ins Gespräch: Aktionen zur Leseförderung, damit die Zahl der Leser beziehungsweise die Anzahl gekaufter oder ausgeliehener Bücher steigt. Da werden Bücherwochen durchgeführt, Autoren eingeladen. Lesewettbewerbe veranstaltet, Bücherschiffe gegen den Medienstrom geschickt, Empfehlungslisten publiziert. Es wird täglich informiert, unterstützt, angeregt, gefördert, umgestimmt, überzeugt und gestritten. Oft haben diese Aktionen Erfolg: Kinder, die bisher in ihrer Freizeit kaum gelesen haben, vergraben sich in Bücher, die Zahl ausgeliehener Bücher steigt. Aber kaum sind die Aktionen beendet, werden die engagierten Leseförderer unsicher. Befürchtungen kommen auf, die Macht anderer Medien oder der Verfall der Werte könne den eben errungenen Erfolg wieder zunichte machen. Es gibt ja keine Garantie, daß das gestiegene Interesse der Kinder und Jugendlichen an Büchern von Dauer sein wird. Wahrscheinlicher ist eher, daß es ohne weitere Anregungen und Betreuung wieder sinken wird. Denn Leseförderung ist nur eine von vielen Aktionen, die auf Jugendliche zielen, sie befindet sich in Konkurrenz zu anderen, mindestens ebensogut ausgestatteten Kampagnen.

Soll man vor dieser Konkurrenz resignieren oder gar aufgeben? Diese Wahl stellt sich nicht. Denn es gibt Kinder, die lesen wollen, die sich durch Lesen finden und sich vermitteln können. Und es gibt Bücher, die zu einer humanen Entwicklung beitragen, die den Menschen helfen und die Sachen klären wollen. Wer Verantwortung trägt für Kinder und die Gesellschaft, in der sie leben, der muß ermöglichen, daß sie sich diese Bücher wirklich zu eigen machen und damit ihr Leben und ihre Zukunft bewältigen und gestalten können. Er hat *nicht die Wahl, ein freiwilliges Angebot zu unterbreiten, sondern er hat die Aufgabe, die Wahrnehmung eines Rechtes zu ermöglichen; des Rechtes auf Lesen und auf Bücher. Deshalb ist Leseförderung eine Notwendigkeit. Und deshalb ist sie auch eine elementare Angelegenheit für eine Schule.* Die Verpflichtung der Schule zur Leseförderung ergibt sich im übrigen auch aus dem Charakter der Organisation und der Arbeit in der Schule: Der überwiegende Teil aller Schularbeit erfolgt an Texten oder mit Texten. Quantitativ gesehen, gehört die »Schularbeit« zu den am meisten textorientierten Arbeitsfeldern überhaupt. Die Art und Weise, wie mit Texten umgegangen und wie gelesen wird, und die Inhalte, die den Schülern geboten werden, wirken auf Leseerfahrung und -haltung. Sie verstellen oder eröffnen Wege, sie ermöglichen oder verhindern Entwicklungen. *Auch aus diesem Grund muß die Schule die Aufgabe der Leseförderung bewußt, bedacht und engagiert wahrnehmen, damit sie gelingt.*

Damit ist noch nichts darüber gesagt, wie die Schule dieser Aufgabe praktisch nachkommen kann. Stimmen viele Leseförderer hinsichtlich der Bestimmung von Aufgaben der Leseförderung zumindestens noch auf allgemeiner oder abstrakter Ebene weitgehend überein, so unterscheiden sich ihre Auffassungen zum Teil erheblich hinsichtlich der Praxis der Leseförderung. Dies hat unterschiedliche Ursachen. Zum einen besteht über die Aufgaben und Ziele der Leseförderung nicht in dem Maße Konsens, wie es den Anschein hat. Hinter allgemeinen Zielbeschreibungen verbergen sich unterschiedliche, zum Teil einander widersprechende Interessen. Differierende Auffassungen über die Praxis der Leseförderung weisen aber auch hin auf unterschiedliche Deutungsmuster über die Wirkungsfaktoren und -zusammenhänge schulischer Leseförderung. Fragt man nach der Grundlage und der Begründung dieser Deutungen, bleiben die Antworten unbefriedigend.

Es ist erschreckend, wie wenig abgesichert die Praxis von Leseförderung heute ist. Ihre Wirkungsfaktoren und Zusammenhänge sind nicht genügend erforscht[7], häufig sind Wechselbezüge oder Einflußfaktoren nicht geklärt.[8] Ein Grund dafür mag in den methodischen Schwierigkeiten liegen, exakt zu bestimmen, was Leseförderung in der Schule gelingen und was sie scheitern läßt. So sind schulische Einflüsse von denen der Familie, des Freundeskreises fast nicht getrennt oder wenn überhaupt nur als Erinnerung bzw. Perzeption zu erfassen. Selbst die eigentlich einfach erscheinende Frage, welche Folgen (qualitativ oder quantitativ) bestimmte *Formen* der Leseförderung mittel- und langfristig bei Schülern hervorrufen, ist nicht annähernd zu beantworten. Zwar liegen Beschreibungen von Einzelprojekten der Leseförderung vor, aber fast nie enthalten sie qualitativ orientierte Erfolgskontrollen oder Bewertungen der Teilnehmer. Das entscheidende Augenmerk wird in der Regel auf die quantitativen Entwicklungen (Steigerung der Ausleihe, der Lesezeit) gelegt. In dieser Situation liegt es nahe, sich allgemeiner orientierten Untersuchungen zuzuwenden und zu prüfen, inwiefern sie für oder gegen bestimmte Inhalte und Formen von Leseförderung sprechen.

»Medien-Studien« aus den vergangenen Jahren haben sich eingehend beschäftigt mit der Struktur des Medienangebotes und seiner Nutzung durch unterschiedliche Gruppen. Problematisch dabei ist, daß »praktisch alle Studien der Verlage wie des Rundfunks als angewandte Forschung die Jugendlichen einseitig nur als Medienkonsumenten anvisieren und demzufolge hauptsächlich auf quantitative Nutzungsdaten beschränkt bleiben.«[9] So werden hinsichtlich der Bedeutung der (Schul)Bildung für die Einschätzung und Nutzung bestimmter Medien nur allgemeine Ausführungen gemacht. Bonfadelli u. a. stellen zum Beispiel fest, »daß der Schule bezüglich der Vermittlung des Lesegeschmacks eine wichtige Funktion zukommt (...)«[10] und leiten dies im wesentlichen daraus ab, daß Personen mit höherer Schulbildung mehr lesen als solche mit niedriger Schulbildung.

Diese Folgerung erscheint fragwürdig. Es können z. B. ganz andere Faktoren (größere Notwendigkeit und Häufigkeit des Lesens in »höheren« Berufen, höherer Status und wichtigere Funktion des Bücherlesens in bestimmten Gruppen), ausschlaggebender Grund für das häufigere Lesen von Personen mit höherer Schulbildung sein.[11]

Die Medien-Studie von Saxer u. a.[12] hat hinsichtlich des Weges zum Lesen zu bemerkenswerten und zum Teil überraschenden Feststellungen geführt. So konstatieren die Autoren, »daß eigentlich nur ein Weg nicht zum Buch führt: Ein Sozialisationsmilieu, in dem jegliche kommunikative Anregung fehlt«[13] und daß ein Sozialisationsklima, in dem im hohen Maße zum Lesen angeregt wurde, die offensichtliche Intention nicht immer erreichte, daß also ein ausgeprägtes Buchleseverhalten nicht entwickelt wurde.[14] Sie schließen, daß zu einer ausgeprägten Buchnutzung drei Wege führen: »Impulse durch ein kulturell geprägtes Elternhaus und solche aus dem sozialen Umfeld außerhalb des Elternhauses, die eine selbständige Eroberung der Bücherwelt bewirken, sowie – immerhin in der Hälfte der Fälle – eine generelle Sozialisation mit Massenmedien.«[15] Diese Schlußfolgerungen lassen – zumindest auf den ersten Blick – die Chancen für schulische Leseförderung unsicher erscheinen. Allzu stark zeigt sich der Einfluß des Elternhauses. Was kann die Schule gegen ein kulturelles Vakuum zu Hause ausrichten? Wie kann schulische Literaturerziehung der Gefahr entgehen, als ›gesteuerte Anleitungen zum Lesen‹ von den Schülern als Zwang abgelehnt zu werden. Wenn der erhobene pädagogische Zeigefinger gerade beim Lesen so leicht kontraproduktiv wirkt, muß man sich fragen, wie es der Schule gelingen soll, ein Leseumfeld zu schaffen, das selbständigem Erobern der Bücherwelt den Weg bereitet.

Werfen wir einen kurzen Blick auf die Schule: Da gibt es Schüler, die um nichts in der Welt ihr Lieblingsbuch im Unterricht in der Schule *besprochen* wissen wollen. Und es gibt Schüler, die nicht lesen müssen wollen, die sich lieber für etwas anderes, Einfacheres oder nicht so Emotionsbeladenes interessieren. Es gibt Lehrer, denen ist die Vorstellung ein Graus, ein geliebtes Gedicht zum *Unterrichtsstoff* zu machen, andere haben *keinen Spaß* am Lesen oder finden, daß die Leseförderung in der Schule vergebliche Mühe ist. Und manche Autoren halten die Vorstellung kaum aus, daß ihre Bücher in geregelten 45-Minuten-Unterrichtseinheiten *durchgenommen, zerpflückt, auseinandergenommen oder gar interpretiert* werden.

Die Skepsis gegenüber der Schule als Ort für gelingendes Lesen ist vielfältig. Schule erscheint vielen sogar als ein unmöglicher Ort, um dort zu lesen. Der Grund dafür liegt unter anderem darin, daß Leseförderung verstanden wird als Defizitausgleich, als Kampf, daß sie als Medizin gegen ein Übel verabreicht wird. Den Schülern schmeckt solche Medizin nur bitter, sie vergällt ihnen die Freude am Lesen. Und die Verabreichung der Medizin wird für den Lehrer zu einer Art Zwangshandlung, die von vornherein aussichtslos ist und sogar die Beziehung zum Schüler aufs Spiel setzt. Und die Vorstellung, daß literarische Texte in der Schule bloße Gegenstände sind, die *behandelt* werden, erregt im Autor Widerwillen, ist sie doch letztlich eine Verneinung seiner Arbeit. Nie hat er ja daran gedacht, seine Texte zu Instrumenten von Zwang machen zu lassen.

Es gibt aber auch die andere Seite: Schüler, die sich in der Schule Bücher *erlesen* und für die das Lesen zu einem Teil ihres Lebens wird. Bei denen ist es Lehrern immer wieder gelungen, *Wege zum Lesen zu eröffnen* und offenzuhalten. Lehrer schaffen Freiräume, ermöglichen Konzentration zum Lesen. Schüler und Lehrer *verständigen sich* über Gelesenes und finden sich gemeinsam darin. Autoren arbeiten mit Schülern und Lehrern zusammen, erhalten *Anregungen und Rückmeldungen* für ihr weiteres Schaffen. Für sie ist Schularbeit eine Bestätigung ihrer Arbeit.

Schule kann also auch ein sehr geeigneter Ort für das Gelingen von Leseförderung sein. Sie gelingt, weil sie Anstoß, Eröffnen und Begleiten ist, ein »auf den Weg bringen«. Sie gelingt, weil sie aufgefaßt wird als Hilfe zur Verwirklichung des Rechtes auf Teilhabe und Gestaltung an der Kultur. Leseförderung hat offensichtlich nur Erfolg, wenn sie nicht bloß Kulturvermittlung für Schüler ist, sondern wenn sie von Lehrern und Schülern als gemeinsame Aneignung von Kultur verstanden wird. Und sie kann auch nur dann einen dauerhaften Erfolg haben, wenn das Interesse und der Einsatz für das Lesen nicht außerhalb des Klassenraumes aufhört.

Leseförderung in der Schule ist also kein Kampf gegen Defizite oder eine Informationskampagne zur Verbreitung von Medienprodukten. Vielmehr ist sie eine kontinuierliche, das alltägliche Schulleben umfassende Angelegenheit. Leseförderung gelingt in täglicher Arbeit, sie ist eine Frage von Qualität, nicht von Quantität.[16] Deshalb ist sie gemeinsames Handeln von Lehrern und Schülern.

Der Ausgangspunkt für Leseförderung ist deshalb nicht die Frage, was der Lehrer für die Schüler tun kann oder was die Schüler tun sollen. Der Ausgangspunkt ist vielmehr die Frage: Was kann der Lehrer *mit* den Schülern tun?[17] In der Leseförderung ist der Lehrer Partner, Helfender, Lernender und Lehrender, Vorbild und Gestalter, Nachvollziehender und Übender. *Leseförderung in der Schule beginnt also beim Lehrer.*

Das ist leicht gesagt – und doch eine schwierige Anforderung. Wie kann der Lehrer denn Wege zum Lesen eröffnen, sie offenhalten,

Schüler beim Erlesen unterstützen, Freiräume schaffen, Konzentration und Offenheit ermöglichen? Wie soll er sich verständigen, sich mit Schülern gemeinsam im Lesen finden, mit Autoren zusammenarbeiten, mit Bibliotheken kooperieren?

Hier zeigt sich, daß die Fähigkeit zur gelingenden Leseförderung nicht eine Frage der Weltanschauung oder einer Haltung, einer bloßen Überzeugung ist. Leseförderung ist nicht »Aktion zur Lesesteigerung«, sondern gestalteter (Schul)Alltag. Sie mit Schülern zum Gelingen zu bringen, ist eine professionelle Fähigkeit.

Diese professionelle Fähigkeit läßt sich vom Lehrer nicht durch bloße Einsicht oder durch Information erwerben. Es reicht nicht, nur fünf oder zehn gute Gründe zu wissen, warum das Lesen zu fördern ist.[18] Und die besten Vorschläge sind auch nur gutgemeint, wenn sie die Haltung nicht vormachen, mit der man ihnen nachkommen kann. Es bedarf regelmäßiger Aufarbeitung bisheriger Handlungsformen, kontinuierlicher Erarbeitung, Erprobung und Verbesserung neuer Handlungsmöglichkeiten. Gelingende Leseförderung läßt sich (wie die meisten anderen komplexen professionellen Fähigkeiten) nur in der Zusammenarbeit und im Austausch mit anderen Berufskollegen entwickeln. Sie ist als professionelles Handeln erlernbar und über ihre Planung, Auswertung und Reflexion korrigier- und erweiterbar.

Diese Professionalisierung von Leseförderung für den Lehrer zu leisten, ist Möglichkeit und Aufgabe von Lehrerfortbildung. Dort kann berufliches Handeln des Lehrers kontinuierlich über einen längeren Zeitraum im Kontakt mit anderen Berufskollegen, bezogen und orientiert an der eigenen Praxis, gelernt, erprobt und reflektiert werden. Dort können neue Inhalte und Methoden gelernt werden. Es ist nur logisch, daß eine so angelegte Fortbildung bei den Lehrern beginnen muß, die Kinder als erste auf den Weg zur Schrift und zum Lesen führen, bei den Grundschullehrern also.

Lehrerfortbildung als Leseförderung in der Grundschule? Das ist ein möglicher Weg. Nicht besonders sensationell, nicht außerordentlich, sondern eben »nur« alltäglich und notwendig, etwas, das nicht als Aktion einmal durchgeführt, sondern etwas, das immer wieder getan werden muß.

Anmerkungen

[1] Sartre, Jean-Paul: Die Wörter. Reinbek 1965, S. 27–28.
[2] Bonfadelli, Heinz, u. a.: Jugend und Medien. Frankfurt/Main 1986, S. 192 ff.
[3] ebd. S. 122.

[4] Saxer, Ulrich u. a., Lesen in der modernen Gesellschaft. Gütersloh 1989, S. 50.

[5] Ebd., S. 60.

[6] Ebd., S. 50 (seltener als 1–2 mal im Jahr: 2,5 Prozent, 27,5 Prozent nie).

[7] Die Leseförderung ist nicht der einzige Bereich von Schule, der diese Defizite aufweist. Zur Forschungslage allgemein z. B.: »Obwohl Medien zu einem zentralen Bestandteil der Lebenswelt der Jugendlichen geworden sind, spielen sie in der Jugendforschung bestenfalls eine Nebenrolle.« Bonfadelli, Heinz, u. a.: S. 7.

[8] Dies ist insbesondere der Fall, wenn es um die Bedeutung der Familie oder Schule für das spätere Lesen geht, z. B. Bonfadelli u. a., S. 111.

[9] Bonfadelli, u. a., a. a. O., S. 11.

[10] Ebd. S. 111.

[11] Saxer u. a., a. a. O., S. 51, haben in ihrer Studie eine Differenzierung von Medien-/Buchnutzung im Hinblick auf Bildungszustand und beruflicher und Freizeitnutzung durchgeführt. Auffallend ist der hohe Anteil beruflicher Nutzung von Personen mit Abitur/Studium im Vergleich zu Personen mit Volksschulabschluß.

[12] Saxer, Ulrich, a. a. O.

[13] Ebd., S. 12.

[14] Ebd., S. 11.

[15] Ebd., S. 162.

[16] Zum Konstrukt dieses Typs der Mediensozialisation vgl. ebd., S. 144 ff.

[17] Eine Aufforderung zu einem Gedankenexperiment: Schätzen Sie mit Hilfe der Kriterien zur Klassifizierung des Mediensozialisationstyps »kommunikationsarm, kommunikatives Vakuum« (Saxer u. a.) die (Lese)kultur anderer Länder oder Völker ein!

[18] Diese Auffassung stützt sich auch auf die Erkenntnis, daß das interpersonale Umfeld (dessen Teil der Lehrer ja ist) und durch die Haltung des Partners zum Lesen eine hohe Bedeutung für das eigene Leseinteresse haben. (»Personen, die lesen, haben in der Regel auch Partner, die lesen.« Saxer u. a., a. a. O., S. 171) sowie Köcher, Renate, cit. nach Saxer u. a., S. 169.

[19] Vgl. auch: Wechsler, Ulrich: Gegen die neue Armut im Kopf. Zehn gute Gründe, das Lesen zu fördern. In: Süddeutsche Zeitung, 14./15. 10. 1989.

Die Lehrerfortbildungsmaßnahme »Lesen in der Grundschule«: Konzeption – Vorbereitung – Durchführung

Rüdiger Urbanek*

Lehrerfortbildung, die zur Professionalisierung der Leseförderung in der Grundschule beitragen will, kann sich nicht darauf beschränken, Informationen zu geben oder Anregungen zu vermitteln. Es geht ja nicht darum, etwas völlig Neues zu vermitteln oder lediglich ein Austauschen von Informationen vorzunehmen. Veränderung und Verstärkung der Leseförderung in der Grundschule bedeuten für Lehrer, die eigene Lese- und Unterrichtspraxis in Frage zu stellen und überdenken zu müssen. Gleichzeitig bedeutet es, neue Wege zu finden, gewohnte Arbeitsweisen und Neuerungen miteinander zu verknüpfen. Wirkungsvolle Lehrerfortbildung ist nur möglich, wenn die Lehrer sich die (neuen) Inhalte und Methoden auch wirklich aneignen und nicht nur einfach übernehmen (aus welchen Gründen auch immer). Und man kann sich nur etwas aneignen, das man erprobt und im Hinblick auf seine eigenen Möglichkeiten und Grenzen differenziert hat. Dies ist ein länger dauernder Prozeß, in dem man sich mit Materialien auseinandersetzen muß, in dem man mit Kollegen diskutiert, abwägt, modifiziert, ausprobiert – verwirft und bestätigt.

Lehrerfortbildung, die sich diesen Anforderungen stellt, ist sehr aufwendig. Leiter und Teilnehmer der Fortbildung benötigen viel Zeit, um die Fortbildung zu einem schaffenden und die eigene Praxis gestaltenden Prozeß werden zu lassen. Umfangreiche Materialien, die diesen Prozeß unterstützen, müssen erstellt und den Teilnehmern zugänglich gemacht werden. Und immer wieder bedarf es Phasen der Absicherung und Kontrolle, damit die Fortbildung sich an den Zielen orientiert.

Im Jahre 1987 beschlossen der Kultusminister des Landes Nordrhein-Westfalen und die Bertelsmann Stiftung, ein Projekt »Lehrerfortbildung – Lesen in der Grundschule« durchzuführen, das diese

---

* Referent beim Landesinstitut für Schule und Weiterbildung in Soest, fachlicher und organisatorischer Betreuer der Arbeitsgruppe

Anforderungen berücksichtigt. Die Bertelsmann Stiftung erklärte sich bereit, für die Phase der Vorbereitung und die beiden ersten Jahre der Durchführung der Fortbildungsmaßnahme die Sachkosten zu tragen, während der Kultusminister die Personalkosten übernahm.

In einem Projektbeirat (aus Vertretern des Kultusministeriums, des Landesinstituts für Schule und Weiterbildung in Soest, der Regierungspräsidenten und der Bertelsmann Stiftung) wurden die Konzeption des Projekts festgelegt.

Um bei der *Planung* des Projekts die einzelnen Fortbildungsabschnitte so praxisnah wie möglich zu gestalten, wurde beim Landesinstitut für Schule und Weiterbildung in Soest eine *Arbeitsgruppe aus siebzehn Lehrern* (aus allen Teilen Nordrhein-Westfalens) gebildet. Diese Arbeitsgruppe erstellte – in Abstimmung mit dem Projektbeirat – eine Fortbildungskonzeption, schlug eine Struktur der Fortbildungsmaßnahme vor und arbeitete dazu die erforderlichen Materialien aus. Dabei ging es nicht nur um die Auswahl bzw. die Erstellung von *Teilnehmer-Materialien*. Vielmehr wurde ein besonderer Akzent in der Arbeit der Gruppe darauf gelegt, didaktisch und methodisch aufbereitete Materialien für die zukünftigen Leiter der Fortbildungsgruppen *(Moderatoren-Material)* zu schaffen, mit denen diese dann vor Ort die Fortbildung in regionalen Gruppen durchführen konnten. Die Arbeitsgruppe, die am 1. Februar 1987 ihre Tätigkeit aufnahm und dann alle vierzehn Tage zusammenkam, legte nach 18 Monaten eine Erprobungsfassung für Moderatoren- und Teilnehmer-Materialien vor.

Die *Durchführung* der Fortbildungsmaßnahme konnte sich an bereits entwickelten Strukturen der Lehrerfortbildung in Nordrhein-Westfalen orientieren. Die Fortbildungsmaßnahme sollte *längerfristig und kontinuierlich angelegt* sein, mindestens *120 Stunden, verteilt über den Zeitraum eines Jahres*. Die Teilnehmer sollten in *regionalen Gruppen* zusammenarbeiten, um Kooperationsmöglichkeiten zwischen Teilnehmern zu schaffen, regionale Bedingungen besser zu berücksichtigen und die organisatorische Durchführbarkeit zu erleichtern. Die *Leitung* der Fortbildungsgruppe sollte durch eigens für diese Fortbildungsmaßnahme ausgebildete Lehrer, *durch Moderatoren*, erfolgen. Bei der ersten Durchführung der Fortbildungsmaßnahme bot es sich an, Mitglieder der Arbeitsgruppe mit der Leitung der regionalen Gruppen (als Moderatoren) zu beauftragen.

Von Beginn der Fortbildungsmaßnahme an wurde bereits die Notwendigkeit kontinuierlicher Überprüfung und Verbesserung der Materialien, ja der Wirkung der Maßnahme überhaupt bedacht. Deshalb wurde eine umfangreiche *Evaluation* durchgeführt, die wichtige

Anregungen zur Überarbeitung der Konzeption und Materialien gab. Der kennzeichnende Rahmen der Fortbildungsmaßnahme »Lesen in der Grundschule« sind langfristig und kontinuierlich arbeitende Fortbildungsgruppen geworden, die von Moderatoren auf der Basis von speziell entwickeltem Material geleitet werden.

Diese Art der Konzeption, Planung und Durchführung einer landesweiten Lehrerfortbildungsmaßnahme zur Leseförderung wurde in der Bundesrepublik wohl zum ersten Male so durchgeführt. Die einzelnen Schritte sollen deshalb jetzt etwas ausführlicher dargestellt werden.

Als wichtigstes Ziel bei der *konzeptionellen Arbeit* an der Fortbildungsmaßnahme wurde die Schaffung einer überdauernden Lesemotivation bei möglichst allen Grundschulkindern angesehen. Bei den Überlegungen, was die Schule dazu beitragen kann, dieses Ziel zu verwirklichen, setzte sich die Arbeitsgruppe zuerst mit einigen zentralen Problemen traditioneller Leseerziehung auseinander. Herkömmlicher Leseunterricht in der Schule ist bestimmt durch fremdbestimmte Auswahl, Zeitpunkt und den Ort des Lesens. Dabei werden Einzeltexte zugrundegelegt, die oft laut vorgelesen werden müssen. Der Lehrer gibt Verstehens- und Deutungshilfen, manchmal sogar Deutungsvorgaben. Kennzeichnend ist, daß Lesen und das Sprechen über das Gelesene in der Regel im Klassenverband stattfindet. Von dieser Art schulischen Lesens unterscheidet sich das private Lesen erheblich. Was, wann und wo das Kind liest, bestimmt es oft selbst.

LESEN		
	in der Schule	**privat**
1. Auswahl des Textes	fremdbestimmt	selbstbestimmt (u. U. durch Eltern beeinflußt)
2. Zeitpunkt des Lesens	fremdbestimmt	selbstbestimmt
3. Ort des Lesens	fremdbestimmt	selbstbestimmt
4. Art des Textes	Einzeltext	Buch
5. Art des Lesens	laut (leider noch zu häufig)	still
6. Verstehenshilfen	ja	nein ⎫ (u. U. doch
7. Interpretationshilfen	ja	nein ⎪ durch Eltern,
8. Interpretationsvorgaben	ja (leider noch zu häufig)	nein ⎬ Geschwister, Freunde
9. Gesprächsmöglichkeiten	ja	nein ⎭ beeinflußt)

Meistens beschäftigt es sich dabei mit einem Buch, es liest still, bekommt nur selten Verstehens- oder Interpretationshilfen. Vorgaben zum Verständnis werden nur in Ausnahmefällen gegeben.

Auf dem Hintergrund empirischer Befunde, daß schulisches Lesen häufig demotivierend, zumindestens aber dem »freien Lesen« nicht immer förderlich ist, konzentrierte die Arbeitsgruppe sich darauf, die Elemente näher zu bestimmen, die privates Lesen erfolgreich machen, um daraus Schlußfolgerungen für die Bedingungen »gelingenden Lesens« in der Schule zu ziehen.

Weg vom reihum lauten Vorlesen eines unbekannten Textes durch die Schüler, weg vom zergliedernden Besprechen (Zerreden) eines Textes durch die Schüler, weg vom Finden von Überschriften zu jedem Abschnitt, weg vom Fehlerlesen (einem Verfahren, bei dem ein Kind so lange lesen darf, bis es den ersten Fehler begeht) – diese Verfahren (so gut sie vom Lehrer auch gemeint sein mögen) haben sich nach Auffassung der Arbeitsgruppe als geradezu kontraproduktiv erwiesen. Dagegen setzte die Arbeitsgruppe auf Verfahren, die zum stillen, individuell gesteuerten Lesen führen und auf Wege, die zu kreativem, motivierendem Umgehen mit Texten führen und ein vertieftes Verstehen ermöglichen.

Aus dieser *Zielvorstellung* leitete die Arbeitsgruppe folgende Themenfelder für die Fortbildungsmaßnahme ab:

- Didaktische und methodische Ansätze und Verfahren beim Umgang mit Texten im Unterricht, vor allem:
  - textgerechte und abwechslungsreiche Verfahren bei der Texterschließung.
  - Verfahren der Textgestaltung im Unterricht, damit Kinder zum kreativen Umgang mit Texten angeleitet werden können,
  - Möglichkeiten der Textproduktion, um Kinder zum Schreiben eigener Texte zu animieren.
- Gestaltung des Arbeitens und Zusammenlebens in der Klasse und in der Schule unter dem Gesichtspunkt der Leseförderung, vor allem:
  - Möglichkeiten, Projekte mit und über Texte durchzuführen, mit denen die Wirkung von Texten auch außerhalb des Klassenraums erprobt werden kann,
  - Möglichkeiten der Anlage und Gestaltung von Klassen- und Schulbüchereien, um Kindern den freien Umgang mit Büchern zu erleichtern,
  - Verfahren und Möglichkeiten zur Zusammenarbeit mit außerschulischen Institutionen, um für Leseförderung und Lesespaß eine breitere Basis zu schaffen.

- Bedingungen und Voraussetzungen für Leseförderung, vor allem:
  - Hilfen für die Textauswahl und Textbewertung durch den Lehrer,
  - Verfahren zur Analyse des Lesebestandes und des Leseinteresses der Kinder, um sie individuell zu fördern und zu beraten,
  - Auseinandersetzung mit Lese- und Texttheorien, um die eigene (oft an »Rezepten« ausgerichtete) Praxis zu hinterfragen.

Zu den einzelnen Themenfeldern entwickelten Arbeitsgruppenmitglieder dann Konzeptionen für die Fortbildung und erarbeiteten *Material* für die Moderatoren und die Teilnehmer. Die Materialien wurden innerhalb der Arbeitsgruppe vorgestellt, Fortbildungsveranstaltungen wurden durchgespielt. Dies ermöglichte allen Mitgliedern der Arbeitsgruppe, sich intensiv mit jedem Themenfeld auseinanderzusetzen. Ein generelles Ergebnis dieser Erarbeitungsphase war, daß die Materialien dann am wirkungsvollsten waren, wenn sie handlungsorientiert angelegt waren und den Fortgebildeten breite Möglichkeiten einräumten, sich aktiv mit den Inhalten zu beschäftigen und sich damit auseinanderzusetzen. Deshalb wurden alle Materialien so aufbereitet, daß sie sich an handlungsorientierten Fortbildungsprozessen orientierten und in der Fortbildung ermöglichten, was schließlich auch bei den Schülern erreicht und gestärkt werden soll: Spaß am Lesen, Anreiz zur Auseinandersetzung mit Büchern. Das eigentlich originäre des fortbildungsdidaktischen Materials bestand darin, nicht einfach nur Material/Texte anzubieten, sondern detaillierte Wege (didaktische und methodische Zugangsweisen) aufzuzeigen, wie die Ziele der Lehrerfortbildungsmaßnahme erreicht werden können.

Natürlich stellte sich bei der Erarbeitung von Moderatoren- und Teilnehmermaterial die Frage, wie die Bedürfnisse und Wünsche zukünftiger Fortbildungsteilnehmer antizipiert und ggf. berücksichtigt werden können. Es ist selbstverständlich nicht möglich, in Materialien alle denkbaren Teilnehmerwünsche zu berücksichtigen. Möglich ist aber, das Teilnehmermaterial (und korrespondierend das Moderatorenmaterial) so flexibel zu halten, daß die Bedürfnisse eingebracht werden können. Teilweise wurde auch Material zur Auswahl aufgenommen, bei bestimmten Themen wurden Bearbeitungsalternativen aufgezeigt.

Am Ende der Planungsphase hatte die Arbeitsgruppe zu wesentlichen Bereichen der Leseförderung umfassendes Teilnehmer- und Moderatoren-Material in Erprobungsform erstellt. Für Teilnehmer und Moderatoren stand jeweils ein Ordner einer Lose-Blatt-Sammlung zur Verfügung. (Diese Form der Veröffentlichung ermöglicht Umstellen, Verändern, Herausnehmen von einzelnen Teilen, ständige Aktualisierung.) Die Themen der einzelnen Teile (»Bausteine«) des Materials:

I	Theorien des Lesens
II$_{1;2}$	Textbewertung (durch den Lehrer)
II$_3$	Analyse der Lesefähigkeit
III	Texterschließung (einschließlich Texttheorie)
IV	Textgestaltung (durch Kinder)
V	Textproduktion (durch Kinder)
VI	Projekte mit Texten und Büchern
VII$_1$	Klassenbücherei
VII$_2$	Schulbücherei
VII$_3$	Zusammenarbeit mit Bibliotheken, Autoren, Eltern, Buchhandel.

Im folgenden sollen wesentliche Aspekte der einzelnen Bausteine kurz dargestellt werden:

Baustein I – Theorie des Lesens
Ganz gleich, auf welcher sprachlichen Ebene im mündlichen oder schriftlichen Bereich mit Schülern umgegangen wird, immer beeinflussen die Lehrer das Verstehen des Schülers. Sie können es verbessern oder beeinträchtigen. Der Baustein zeigt auf, wie der Leseprozeß positiv unterstützt und der sprachliche Erfahrungsbereich der Schüler erweitert werden kann. Textrezeption und Textproduktion entwickeln sich nur im gemeinsamen Umgang mit Texten (vgl. auch Lehrplan Sprache, Grundschule NRW). Deshalb ist jede Sprachförderung Leseförderung. Und jede Leseförderung ist Sprachförderung.
»Es könnte scheinen, als wenn es sich bei der Analyse des Lesens (...) um ganz elementare und einfache psychische Prozesse handelte, allein in Wirklichkeit gehören Untersuchungen dieser Art zu den verwickeltsten – zugleich auch zu den wichtigsten – Problemen der speziellen Psychologie. Die Ursache dafür liegt darin, daß beim Lesen (...) alle Seiten unseres Bewußtseins beteiligt sind und bald dieser, bald jener Teilvorgang sich vordrängen kann, je nach dem besonderen Ziel des Lesenden. (...) Man kann daher das Lesen eine psychische Welt im Kleinen nennen, denn es bestätigt sich dabei: die Wahrnehmung der optischen Zeichen; die Vorstellungstätigkeit, mit der wir die Bedeutung der Zeichen erfassen; das Gedächtnis, indem wir

das Vorausgehende festhalten, während wir das Folgende lesen; der Verstand, indem wir den Zusammenhang des Gelesenen erfassen; der Wille, denn Lesen ist eine spontane Tätigkeit, das Gefühl, indem der Leseinhalt uns mehr oder weniger interessiert (wodurch der Akt des Lesens selbst in hohem Maße verändert werden kann). Dazu kommen die motorischen Prozesse des stillen oder lauten Sprechens; und alle diese Vorgänge arbeiten beim erwachsenen Menschen in einer bewunderungswürdigen Weise zusammen, wie ein äußerst komplizierter, aber vermöge der festen Assoziation der Teilprozesse spielend funktionierender Mechanismus. Der Erwachsene weiß daher von der Kompliziertheit dieses Prozesses nichts, das Lesen erscheint ihm als ein vollkommen einheitlicher Akt.«[1]

Lesen ist also keine bloße Funktion der Zuordnung von Phonem und Graphem. Es ist auch kein monofunktionales Verlaufsschema, keine bloße Informationsverarbeitung. Lesen setzt vielmehr Kenntnisse und Erfahrungen in Syntax und Semantik voraus, es ist ohne Denken und Verstehen nicht möglich. Lesen geschieht nicht von selbst: man muß es wollen. Dabei kann Lesen unterschiedliche Funktionen haben: Es ist Informationsentnahme aus Texten, es ist ein individueller, subjektiver Akt der Bedeutungsgewinnung, es ist Freude an der Literatur, es erzeugt Wirkung und Einfluß.

Diese Elemente und die Funktionen des Lesens muß der Lehrer in seinem Unterricht berücksichtigen; lesen als Akt der Bedeutungsgewinnung und der Informationserarbeitung und -verarbeitung so fördern, daß der Schüler es immer selbständiger leisten kann.

Eine schwierige Aufgabe. Wie man eine Grundlage für ihre Lösung schaffen kann, wird u. a. im nächsten Baustein deutlich.

Baustein II – Textbewertung/Analyse der Lesefähigkeit

Leseförderung in der Grundschule gelingt nur, wenn Texte mit Blick auf den Leser (also den Schüler) ausgewählt werden. Verständnishemmende Eigenschaften eines Textes erschweren oder verhindern das Leseinteresse und die Leseausdauer. Deshalb sollen die Teilnehmer der Fortbildungsmaßnahme an Texten aus Lesebüchern, Kinder- und Bilderbüchern Kriterien zur Auswahl von Textausschnitten (oder Ganzschriften) für den Unterricht entwickeln. Dabei sollen sie besonders auf die Aspekte: äußere Form, Druckgestaltung, Layout, Bildmaterial, Textgestaltung eingehen. Weiterhin werden Verständlichkeitsindizes angewandt, um eine adressatengerechte Textauswahl zu gewährleisten. Breiten Raum nimmt die Auseinandersetzung mit Lesestandanalysen ein, denn jeder Lehrer sollte bei der Auswahl von Texten die Lesefähigkeit seiner Schüler berücksichtigen und gegebenenfalls durch Fördermaßnahmen/Hilfen auf bestimmte Texte vorbereiten. Natürlich sind Lesestandsanalysen auch erforderlich, um den Leistungsstand des Schülers einzuschätzen, ihn zu bewerten. Da die im Handel angebotenen standardisierten Lesetests für die Zwecke der Fortbildungsmaßnahme wenig geeignet waren, werden Hilfsmittel angeboten, an Hand von Tonbandprotokollen exemplarische Lesestandsanalysen vorzunehmen.[2] Dies ist eine Hilfe, in der Fortbildungsgruppe informelle Tests zu erstellen, mit denen individuelle Lesestandsdiagnosen durchgeführt und Ansätze für Schülerhilfen gewonnen werden können.

Neben diesen lehrerbezogenen Aufgaben im Bereich der Lesestandsanalyse werden auch Anregungen gegeben, wie Schüler selbst Lektüre auswählen und Mitleser zu Lesefreude und Lesespaß einladen können. Bei diesem Auswahlvorgang handelt es sich sozusagen um eine eigene Lesestandsanalyse der Schüler.

Baustein III – Texterschließung
Der Baustein geht von der grundlegenden Erkenntnis aus, daß stilles Lesen dem lauten Lesen bei unbekannten Situationen (auch in der Schulsituation) vorzuziehen ist. Die Lehrer der Grundschule sollen während der Unterrichtszeit Situationen schaffen, die einer gelungenen individuellen Lesesituation möglichst nahekommen (auch wenn diese zum Beispiel im Elternhaus häufig nicht mehr vorkommen[3]). Solche Situationen können z.B. durch die Einrichtung von Leseekken gefördert werden, in denen Schüler während des Schulmorgens in selbst ausgewählten Texten/Büchern lesen können. Entscheidend ist, daß überdauernde Lesemotivation und Lesegewohnheiten geschaffen werden. Die Aktivitäten des Lehrers konzentrieren sich dabei auf die Hilfestellung bei der Auswahl und im Anschluß an das Lesen auf die Texterschließung mit dem Schüler. Hierzu stellt der Baustein eine Reihe von Verfahren vor: freie Fragen, Auswahlantworten, Textergänzungen, Umsetzung in konkrete Handlungen oder szenische Darstellungen, Ausführung von Aufträgen, Umsetzung in bildnerische Darstellung, Gliederung, Richtigstellung von Textblökken.

Baustein IV – Textgestaltung
Im Lehrplan »Sprache« der Grundschule NRW wird dem produktiven Umgang mit Texten besonderer Wert zugemessen. Indem der Schüler spielerisch mit Texten umgeht, kann er kreative Gestaltungsmöglichkeiten in unterschiedlichen ästhetischen Bereichen entwikkeln. Der Baustein macht die Fortbildungsteilnehmer damit vertraut, wie Literatur für Schulkinder zum Erlebnis werden kann, wie die Schüler mit Texten handelnd umgehen und ihre bildnerischen, spie-

lerischen, musikalischen Absichten und Fähigkeiten auch beim Lesen und Schreiben einsetzen können. Im Rahmen der Fortbildungsmaßnahmen lernen die Teilnehmer spielerische, kreative Formen der Texte kennen und wenden sie an, damit sie wiederum ihren Schülern diese anregenden Formen der Auseinandersetzung mit Büchern vermitteln. So lernen die Fortbildungsteilnehmer unter anderem, Texte für szenische Aufführungen umzugestalten und sie zur Aufführung zu bringen, oder Bildfolgen zu Texten zu verfassen. Sie lernen, Texte in Bewegung umzusetzen, Texte musikalisch zu begleiten oder umzusetzen und Bilder/bildnerische Darstellungen zu Texten zu erfinden (u. a. Marionettenfiguren, Schattenspielutensilien).

Baustein VI – Textproduktion
Es gibt eine Vielzahl von Möglichkeiten, Kinder zur eigenen sprachlichen Gestaltung anzuregen. Da sind zuerst einmal textlose Bücher (freilich nur dann, wenn sie eine Aussage enthalten, die den kindlichen Leser zum sprachlichen Nachvollzug reizt). Aber auch von vorgegebenen Texten können wirkungsvolle Anregungen zur eigenen Textproduktion ausgehen. Der Baustein zeigt eine Reihe von Möglichkeiten auf, wie die Schüler – durch eigene Lektüre angeregt – selbst zu Autoren werden, indem sie ein Buch produzieren. Der produktive Umgang mit Texten kann den Rahmen der Arbeit in einer Klasse sprengen und zum Schulprojekt wachsen. Unterschiedliche Neigungen und Fähigkeiten der Lehrer kommen in einem solchen Programm zur Geltung.

Baustein VI – Projekte mit Texten und Büchern
An jedem Schulstandort, in jeder Klasse, bei jedem Kollegen äußert sich der kreative Umgang mit Texten auf besondere Weise. Wie ein solches Projekt aussehen kann, hat die Fortbildungsteilnehmerin Christel Böhme in diesem Band ausführlicher beschrieben.[4]

Baustein VII – Klassenbücherei, Schulbücherei, Zusammenarbeit mit Bibliotheken, Autoren, Eltern und Buchhandel
Von großer Bedeutung für die zukünftige Lesemotivation des Schulkindes ist es, bereits vom ersten Schultag an neben der Lesefibel auch mit anderen Büchern umzugehen. Die Klassenbücherei ist ein wichtiges Mittel, das Bücherlesen und das Arbeiten mit Bibliotheken zur Gewohnheit werden zu lassen. Nur durch kontinuierliches Lesen in der Klasse und durch den ständigen freien Umgang mit Büchern kann das Kind lernen, was Lesen für die eigene Entwicklung und die eigene Arbeit bedeuten kann. In diesem Baustein werden deshalb Wege zur Schaffung von Klassenbüchereien vorgeschlagen und

Möglichkeiten der Kooperation mit Bibliotheken aufgezeigt. Bibliotheken können dabei den Schulen (z. B. durch Blockausleihe) helfen, die Schulen unterstützen die Bibliotheken, indem sie Kindern die Leistungsfähigkeit von Bibliotheken erleben lassen können. Wenn Lehrer Wege suchen, dem Kind die Schwellenangst vor dem Besuch einer Bibliothek zu nehmen, so sollten sie selbst eine positive Einstellung zu dieser Institution, besonders aber zu ihren Mitarbeitern haben. Wohl nur der persönliche Kontakt kann dies bewirken. Es erweist sich als besonders hilfreich, daß im Rahmen der Fortbildung auch ein Bibliotheken-Seminar durchgeführt wurde, um die Möglichkeiten der Zusammenarbeit gründlich kennenzulernen.[5]

Von großer Bedeutung für die Schaffung einer überdauernden Lesemotivation erwies sich die Zusammenarbeit zwischen Schule und Eltern. Sie kann sich nicht darin erschöpfen, in der Vorweihnachtszeit Bücherlisten zu verschicken. Vielmehr muß es darum gehen, auch auf dem Gebiet der Leseförderung kontinuierlich mit Eltern zusammenzuarbeiten und auch sie zu Lesern und Mit-Lesern zu machen. Der Baustein stellt hier unterschiedliche Möglichkeiten vor.

Schließlich sind Autorenlesungen ein wichtiges Mittel der Leseförderung. Viel zu wenig werden Autoren in Schulen eingeladen. Autorenlesungen sind noch zu selten Bestandteil des Schullebens. Deshalb erhielten die Moderatoren und Teilnehmer der Fortbildungsmaßnahme Gelegenheit, an Autorenlesungen teilzunehmen, auf Autoren-Seminaren mit Schriftstellern zusammenzuarbeiten und über mögliche Formen von Lesungen und Veranstaltungen zu sprechen. Hier galt es insbesondere, Wege zu finden, die vom nur Rezeptiven wegführen, die die Autorenlesung in die Leseförderung einbeziehen und sie nicht zu einem einmaligen (und dann schnell vergessenen) Erlebnis werden lassen.

Zusammenarbeit mit Autoren hat aber nicht nur Wirkungen auf die Schüler, die Eltern oder die Lehrer. Veranstaltungen in Schulen, längerfristige Kontakte haben auch für den Autor eine wichtige Funktion: Sie sind für ihn oft die umfassendste Rückmeldung über seine Arbeit, sie vermitteln neue Anregungen, zeigen Bedürfnisse der Leser, auf die er sich einstellen kann.

Ende Juni 1989 lag das Material für die Fortbildungsmaßnahme in einer Erprobungsfassung vor, die Moderatoren waren ein Jahr lang in wöchentlichen Sitzungen und auf Kompaktseminaren auf ihre Aufgabe vorbereitet worden. So konnte die *Durchführung der Fortbildungsmaßnahme* am 1. August 1989 beginnen. An siebzehn Orten in Nordrhein-Westfalen wurden Grundschulen als regionale Fortbildungszentren für die Leseförderung eingerichtet, sie wurden mit einer Klassenbücherei ausgestattet, Klassen-Druckereien und andere für die Fortbildungsarbeit notwendige Arbeitsmittel wurden bereitgestellt. Diese Ausstattung erfolgte durch die Bertelsmann Stiftung.

In vierzehntägigem Rhythmus trafen sich dann ein Jahr lang jeweils etwa 20 Lehrerinnen und Lehrer aus der Region zur Fortbildungsmaßnahme »Lesen in der Grundschule«. (Die Lehrer hatten sich auf eine entsprechende Ausschreibung hin um die Teilnahme beworben.) Unter Leitung eines Moderators arbeiteten die Fortbildungsteilnehmer mit Hilfe des Materials an konkreten Unterrichtsvorhaben und -projekten, z. B.

- Wie gestalte ich mit meiner ersten Klasse das erste gemeinsame Buch?
- Wie richte ich meine Klassenbücherei, wie eine Schulbibliothek ein?
- Wie lernen meine Schüler mit der Druckerei das Setzen von Texten?
- Wie setze ich Texte in Musik um?
- Welche Erschließungswege wähle ich für den Text, den ich morgen der Klasse gebe?
- Wie befähige ich die Eltern meiner Schüler dazu, Bücher auszuwählen?
- Wie wird die Lesung eines Kinderbuchautors in meiner Klasse bzw. von meiner Klasse vorbereitet?

Der vierzehntägliche Veranstaltungsrhythmus gestattete es den Lehrerinnen und Lehrern, in der Fortbildung über ihre Erfahrungen mit den vorgestellten Konzepten zu berichten und ihre Vorhaben und Planungen zu überarbeiten. Vielfach ergab sich die Möglichkeit, zwischen den Fortbildungssitzungen bei Kollegen zu hospitieren oder mit ihnen zusammenzuarbeiten. Neben den regelmäßigen Fortbildungsveranstaltungen wurden noch zweitägige Kompaktseminare mit Autoren oder Bibliothekaren angeboten. Im Rahmen solcher Seminare fanden auch Exkursionen statt, z. B. in beispielhaft eingerichtete Kinderbüchereien. Um die kontinuierliche Teilnahme zu ermöglichen, wurde den Teilnehmern eine Entlastung von zwei Unterrichtsstunden pro Woche gewährt.

Noch im Schuljahr 1988/89 drängten die für die Lehrerfortbildung in den Regierungsbezirken zuständigen Dezernenten wegen der großen Nachfrage auf eine Erweiterung der Fortbildungsmaßnahme bereits im Schuljahr 1989/90. Deshalb wurden zusätzlich 19 weitere Moderatoren durch das Landesinstitut für Schule und Weiterbildung ausgebildet und dann entsprechende Gruppen eingerichtet. Alle Moderatoren der neuen Gruppen waren Teilnehmer des ersten Durchlaufs der Maßnahme.[6]

Planung und Durchführung des Fortbildungsprojekts
Lesen in der Grundschule in NRW

	Zentrale Aktivitäten	Regionale Aktivitäten	Evaluation
1.8.1986	• Entwicklung einer Projektstudie • Abstimmung zwischen Kultusministerium und Bertelsmann Stiftung • Einrichtung eines Projektbeirates		
1.2.1987	• Einrichtung einer Arbeitsgruppe zur – Entwicklung des Fortbildungs-konzeptes – Erarbeitung von Fortbildungsmateria-lien für Teilnehmer und Moderatoren (Erprobungsfassung)		
15.5.1987	Vertrag zwischen Kultusministerium und Bertelsmann Stiftung		
1.2.1988	• Druck der Fortbildungsma-terialien • Moderatorenschulung (Gruppe 1) • 1. Autoren-Modera-toren-Seminar		
1.8.1988	• Rückkopplungs-tagungen für die Moderatoren	┌1. FORTBILDUNGSJAHR┐ Erprobung des Projekts in 17 Regionen mit 17 Gruppen	Eingangs-befragung
1.2.1989	• Moderatorenschulung (Gruppe 2)		
			Zwischen-befragung
1.8.1989	• 2. Autoren-Moderatoren-Seminar • 1. Bibliothekaren-Moderatoren-Seminar • Überarbeitung der Fortbildungs-materialien	┌2. FORTBILDUNGSJAHR┐ Durchführung des Projekts in 25 Regionen mit 25 Gruppen	
1.2.1990	• Druck der überarbeiteten Fortbildungsmaterialien		Abschluß-befragung
1.8.1990		┌3. FORTBILDUNGSJAHR┐	

Hervorzuheben ist abschließend die besondere Bedeutung der beiden Kompaktseminare der Teilnehmer mit Kinderbuchautoren und Bibliothekaren, die gemeinsam mit der Bertelsmann Stiftung durchgeführt wurden. Die Begegnung mit Autoren und Bibliothekaren hatte unmittelbare Auswirkungen auf den Unterricht, hier wurden vielfältige Kontakte geknüpft, Kooperationen vereinbart. Die Autoren berichteten, daß die Zahl der Lesungen in Grundschulen nach diesen Seminaren erheblich zugenommen habe und daß die Vorbereitung dieser Veranstaltungen erheblich besser gewesen sei als früher. Bibliothekare berichteten von sprunghaft angestiegenen Zahlen bei Blockausleihen und von einer höheren Anzahl Besuchen von Grundschulklassen. Die Kinderbuchautorin Gisela Kalow hat in einem Bilderbericht ihre Gedanken zum Autoren-Seminar dargestellt.[7] Im Kapitel »Gemeinsam zum Buch führen« berichten die Bibliothekarin Iris Fischer und die Moderatorin Edeltraut Schauer vom Seminar mit den Bibliothekaren.[8]

Neben diesen persönlichen Einschätzungen wurde aber auch noch eine sehr umfangreiche Evaluation der Fortbildungsmaßnahme durchgeführt, die ebenfalls in diesem Band abgedruckt ist.[9] So wurden zunächst die teilnehmenden Lehrer zu Beginn der Maßnahme anonym über ihre Unterrichtsarbeit, ihre Lerninteressen und die spezifischen Voraussetzungen ihrer jeweiligen Schule (bezogen auf den Komplex Leseförderung) befragt. Dann stand am Ende des Fortbildungsjahres eine erneute Befragung, die nun mit den Ergebnissen der Eingangsbefragung verglichen werden konnte. Nach einem weiteren Jahr wurden die Teilnehmer wieder befragt, um zu klären, ob die Fortbildungsmaßnahme auch mittel- und langfristige Wirkungen zeigt. Die Evaluation, durchgeführt von der Universität Gesamthochschule Paderborn (Prof. Tulodziecki) wurde ebenfalls von der Bertelsmann Stiftung getragen. Die Ergebnisse der Evaluation wurden genutzt, um das Fortbildungskonzept und da Material zu modifizieren und zu optimieren.

Anmerkungen

[1] Meumann, Ernst: Vorlesungen zur Einführung in die experimentelle Pädagogik und ihre psychologischen Grundlagen. Bd. 3, Leipzig 1914, S. 464.

[2] nach: Hofer, Karl: Lesediagnose in der Grundschule. In: Neumann, M. J.: Der Deutschunterricht in der Grundschule. Bd. 3, Freiburg, Herder 1976, S. 159 ff.

[3] Vgl. Hurrelmann, B.: Familie und erweitertes Medienangebot. Begleitforschung des Landes NRW, Presse- und Informationsamt, Bd. 7, 1988.

[4] Vgl. S. 39 dieses Bandes.

[5] Vgl. S. 57 dieses Bandes.

[6] Vgl. den Bericht der Moderatorin Petra Urselmann über die Ausbildung zur Moderatorin, S. 45 dieses Bandes.

[7] Vgl. S. 50 dieses Bandes.

[8] Vgl. S. 57 dieses Bandes.

[9] Vgl. S. 63 dieses Bandes.

Lehrer lernen Lesen lehren…

Anita Herbert-Neitzel*

»Buch macht klug«, »Lehrer lernen leise lesen«, oder ähnlich phantasievoll lauteten die Titelvorschläge für die gemeinsame Zeitung, die von den Teilnehmern der Arbeitsgruppe »Lesen in der Grundschule« kreiert wurden. In Anbetracht der fröhlichen gemeinsamen Zeit entschied man sich demokratisch für »Lesen lernen macht Spaß!« Nach einjähriger Fortbildungstätigkeit sollte noch einmal Rückblick auf den Prozeß von Gruppenbildung und Akzeptanz gehalten werden, die zusammen erlebten Kompaktveranstaltungen, die Freude und der Spaß am gemeinsamen Tun in Erinnerung gerufen und festgehalten werden.

Ausgestattet mit einer Klassenbibliothek, einer Druckerei, einem Moderatorenkoffer sowie mit 21 Teilnehmerordnern (»schwergewichtige mausgraue Ordner«) so stand ich zu Beginn des Schuljahres 1988/89 mit ein wenig Herzklopfen – vergleichbar dem Gefühl, das einen bedrängt, wenn man am Einschulungstag vor den neuen Erstkläßlern steht – so stand ich also vor 21 Lehrern, sprich: 21 Individualisten, die für die Problematik und die Möglichkeiten bei der Steigerung der Lesefreude sensibilisiert werden wollten bzw. sollten. Würde es mir gelingen, eine fruchtbare Arbeitsatmosphäre zu schaffen, in der diese Kollegen für die geopferte Freizeit (trotz gewährter Stundenermäßigung) einen zufriedenstellenden Gegenwert – bezogen auf ihre Erwartungen – erhielten?

Vorgenommen hatte ich mir eine möglichst offene, vor allem teilnehmerorientierte Arbeit, in der die meisten Erkenntnisse über »Selbertun«-Eigentätigkeit gewonnen werden sollten. Dafür wollte ich als Rahmenbedingungen schaffen:
- genügend Zeit und Ruhe einräumen (Hektik und Streß hat man ja bereits in der Schule zur Genüge)

* Moderatorin der Fortbildung »Lesen in der Grundschule«, Schulrätin in Krefeld

- Material für Bastelarbeiten (Pappe, Folie und dergleichen) bereitstellen (organisieren gehört ja sonst zum Schulalltag des Lehrers)
- Sicherung des leiblichen Wohles (Kaffee oder Tee im Stehen zwischen Elternanrufen bzw. Kinderwünschen ist im Alltag keine Seltenheit)

Auch diese Betreuung, so hoffte ich, würde zum Gelingen der Fortbildung beitragen.

Glück für mich war die äußerst günstige Gruppenzusammensetzung, die dieses Konzept zuließ. Die so häufig beklagte passive Haltung »Warten auf Rezepte oder Gebrauchsanweisungen« traf erfreulicherweise auf meine Teilnehmer überhaupt nicht zu – im Gegenteil: Kreativität und Produktivität führten zu unerwartet positiven Ergebnissen und das trotz vorausgegangener Anstrengungen und Hektik des Unterrichts morgens.

Die Moderatoren, Handreichungen sowie das Teilnehmermaterial erwiesen sich als weitgehend im Sinne der Verfasser umsetzbar, allerdings vom Umfang und der Anzahl der Angebote her als viel zu üppig, bemessen für die zur Verfügung stehende Zeit von einem Jahr.

Da liefen manchmal die Telefondrähte heiß, um noch eben einen Mitautoren nach seinen Intentionen bzw. Schwerpunkten in seinem Baustein zu befragen, Erfahrungen – manchmal auch den Frust – zu tauschen, brandaktuelle Tips bzw. Empfehlungen zu übermitteln sowie Adressen von angenehmen Tagungsstätten bzw. Referenten zu ergattern.

Zwar kamen alle Moderatoren in den »Genuß« von wöchentlich sieben (später fünf) Ermäßigungsstunden, wodurch aber die zu leistende Vorarbeit plus Fortbildungszeit von 14tägig fünf Stunden nur unwesentlich verringert wurde – hier zählen in erster Linie Engagement und Enthusiasmus. Da bereicherten und halfen schon mehr die drei Kompaktveranstaltungen im Vorbereitungsteam, in denen der Austausch auf der »Metaebene« stattfand. In fröhlicher Runde von »Gesinnungs- bzw. Aktionsgenossen« unter fachkundiger sowie einfühlsamer Leitung von Rüdiger Urbanek diskutierten wir in angenehmer Umgebung Verbesserungsvorschläge in Theorie und Praxis, erprobten Spiele und sangen mit unseren Lese- und Improvisationsliedern die übrigen Hotelgäste in die Flucht. Derart gestärkt und ermutigt, profitierte die nächste Fortbildungsveranstaltung von dem mitgebrachten Schwung und Elan.

Dokumentation ist das A und O jeglicher Projektarbeit im Unterricht. Dokumentation sollte also auch den Ablauf der Fortbildung begleiten. Bücher waren und sind das zentrale Thema unserer Arbeit, was lag da also näher, als das gemeinsame Jahr ebenfalls in einem dicken gebundenen Buch (Format 0,6 m × 1,10 m) zu dokumentieren? Bedeutendes und Unwesentliches wird darin festgehalten, Beiträge, reich oder arm an Witz und Phantasie und Geist wechseln sich ab mit Fotos oder Zeichnungen der Gäste oder Schüler. Hier (und auch bei anderer Gelegenheit) erfahren alle Teilnehmer, wie schwierig es ist, nach Aufforderung etwas »Vorzeigbares« zu produzieren – eine Forderung, die Lehrer täglich an ihre Schüler stellen. Anders als beim Beschreiben eines Blattes muß man schon eine Schwelle überwinden, um in einem leeren Buch Endgültiges zu wagen. Auch den Einwand, »ich kann aber nicht malen«, gilt es zu entkräften. Als unter anderem der junge Künstler Genske mit Schülern und Teilnehmern einen »Indianerteppich« in Klassengröße gestalten möchte, verfährt jeder entsprechend seiner gestalterischen Möglichkeiten und Geschicklichkeit.

Im Rahmen eines Projektes mit dem Buch »Fliegender Stern« von Ursula Wölfel hatten die Viertkläßler vielfältige Aufgabenschwerpunkte sowie Arbeitsaufträge festgelegt. Eine Indianerausstellung entstand, Indianerforschung war betrieben worden, an Indianerschrift versuchte man sich und vieles mehr. Der Besuch des jungen arbeitslosen Lehrers und Künstlers Genske sollte in diesem Projekt einen Höhepunkt bilden: Er erklärte uns sein Ziel, einen klassengroßen »Indianerteppich« zu gestalten. Aus 25 (Anzahl der Schüler) auf den Fußboden geklebten Kreissegmenten sollte er entstehen und von Schülern und Lehrern gleichermaßen mit erdachten Indianerbildern geschmückt werden.

Die Kinder taten sich leicht und gingen sofort ans Werk..., die Erwachsenen dagegen schwer. Sie begannen nur zögernd mit der Arbeit! (Und so mancher Lehrer verstand jetzt viel besser die Sorge seiner Schüler, die da heißt: »Ich kann aber gar nicht malen!«)

Im Anschluß an dieses Schüler-Lehrer-Produkt erstellten die Teilnehmer der Arbeitsgruppe Bilderbücher – Leporellos – für ihre eigene Klasse. Mit Hilfe von fotokopierten Indianerabbildungen (aus Sachbüchern, Geschichtenbüchern etc.) verfaßte man Abenteuer mit Texten, die dem Lesealter der eigenen Klasse entsprachen. Die erstaunte Frage: »Ist Malen denn auch Leseförderung?« fand ihre Bearbeitung und Antwort in der Auseinandersetzung mit dem vorstrukturierten Material: Textgestaltung, Textproduktion, Projekte mit Büchern etc.

Überhaupt bereicherte der Kontakt zu »Gästen« jeglicher Art die Arbeit in und mit der Gruppe. Der Kinderbuchautor Knister begeisterte nicht nur Kinderscharen bei seinen »Mitmachlesungen«, er aktivierte ebenso – vielleicht noch mehr – die Teilnehmer der Fortbildungsgruppe zu klatschender, klopfender, zischender und stampfender »Begleitung« der Giraffe auf ihrem Weg nach Bethlehem. Man nahm Anteil am bewegten Leben von Willi Wirsing, der »Fliegenrock« erschallte aus so manchem Klassenzimmer und sorgte für »knisternde« Umsetzung der Anregungen für den Unterricht.

Die Begeisterung für Knister animierte die Teilnehmer dazu, bei der nächsten Kompaktveranstaltung eines seiner Bücher, »Die Reiter des eisernen Drachen«, szenisch zu gestalten. Unter fachkundiger Anleitung Frau von Alfens, einer Tanzpädagogin aus Krefeld, erfuhren und lernten wir alle, wie man sich als Baum, Katze, Schmetterling oder eben als Märchenprinz, Herr Holle oder Riese bewegt... Manches schlummernde Talent wurde entdeckt, manche Hemmung abgebaut, alle kamen einander näher, und im Schonraum der Gruppe war man bereit, auch zum 15ten mal als Prinz auf einem Besenstiel durch den Raum zu galoppieren...

Ein Leckerbissen ganz spezieller Art war Knisters Einladung, ihn in Wesel in seinem Haus zu besuchen. Wir vereinbarten einen Termin unmittelbar nach den Sommerferien, und obwohl der Kursus bereits beendet war, freuten sich alle auf dieses außergewöhnliche Ereignis. Die einzigen Kopfschmerzen verursachte uns das Mitbringsel. Was schenkt man einem Autoren? – Originell sollte es sein, – zu Knister sollte es passen und unser aller Geschmack ebenfalls treffen! Bücher – wohl kaum, Blumen – nicht originell genug!... Eine große weiße Plüschente fand schließlich Gnade vor unseren kritischen Augen. Bei strahlend heißem Sommerwetter starteten wir aufgeregt nach Wesel zu unserem Rendezvous. Im Gepäck befand sich neben Fotoapparat und selbstgebackenem Kuchen selbstverständlich auch unser dickes Buch sowie die inzwischen fertiggestellte Abschiedszeitung.

Beim zwanglosen Nachmittagskaffee wich die erste Befangenheit einem munteren Gedankenaustausch. Knister präsentierte uns sein neues Buch »Alles Spaghetti«, las Passagen daraus vor, berichtete über den Entstehungsprozeß des Buches sowie seine Ideenfindung zu anderen Büchern und weihte uns in die Geheimnisse seine neuen Bücher betreffend ein. Wir versprachen strengste Diskretion und übten uns alle in der Titelsuche. Natürlich ließen wir auch mitgebrachte Bücher signieren, gaben unsere Eindrücke im Umgang mit seinen Büchern im Unterricht wieder und diskutierten über Illustration, Wortwahl und Thematik einzelner Texte. Knister wiederum informierte uns über die Entstehung seines Buches »Die Sockensuchmaschine«, seine Zusammenarbeit mit Professor Conradi, seinen Enthusiasmus aber auch über den Streß mit der sich selbst auferlegten Disziplinierung beim Schreiben dieses Buches. Wir verglichen Manuskripte, lasen Briefwechsel und diskutierten und fragten, fragten, fragten...

Als wir schließlich abends gegen 22.00 Uhr aufbrachen, war uns nicht nur die Zeit wie im Fluge vergangen, verfügten wir nicht nur über interessante Informationen sowie persönliche Eindrücke, wir fühlten uns an diesem Tag bereichert und beschenkt durch Knisters Freundschaft. Ein kleines Stückchen davon blickt nun jedem von uns entgegen, der ein Knister-Buch zur Hand nimmt. Wahrscheinlich empfinden Kinder so ähnlich, wenn sie zuvor einen Schriftsteller zu Gast hatten. Ausgegangen war das Treffen von einer Lesung, und es

---

Gästeliste nach Jandl-Art

Leiterin
Tür auf
Herbert vorn
Neitzel hinten
stundenlang

1. Gast
Tür auf
Genske rein
Bild raus
Indianergeheul

2. Gast
Tür auf
Knister rein
Lied raus
brumm brumm brumm peng

3. Gast
Tür auf
Topsch rein
Buchstabe raus
Hallo Kinder

4. Gast
Tür auf
van Alfen rein
Mimik raus
taram taram taram brrr

Leiterin
Ordner auf
Theorie
praxisnah
stundenlang

---

hatte dazu geführt, daß beide Seiten den Kontakt intensivieren wollten.

Schade, daß für die Schulen so wenig Geld zur Verfügung steht, um solche Gäste häufiger und aus eigener Initiative einzuladen; der Gewinn für die Schüler ist um ein Vielfaches höher als die berechtigte Honorarforderung der Autoren oder Referenten! Hier muß noch kräftig Aufklärung betrieben und mit dem Vorurteil aufgeräumt werden, die Schriftsteller betrieben nur Eigenwerbung. Wer einmal erlebt hat, mit welcher Freude und Begeisterung Kinder sich in die Bücher »ihres« Autors vertiefen, wie sie Briefe an ihn verfassen und seine Geschichten »neu« erfinden, umschreiben, weiterspinnen, wer sieht, wie stark dadurch »Leseförderung« betrieben wird, der ist auch gern bereit, die finanziellen Mittel aufzutreiben.

Begeisterung kann eben nur der wecken, der die Lust auf Bücher kennt. Der Schlüssel zum Erfolg liegt ohnehin in der Fähigkeit, den eigenen Spaß, die eigene Freude und Liebe, überhaupt die gesamte innere emotionale und auch rationale Einstellung zu Büchern auf andere zu übertragen, den Funken überspringen zu lassen, denn verordnen läßt sich Freude am Lesen nun mal nicht.

Im Schonraum der Gruppe fällt das Bekenntnis zu einem bestimmten Buch leicht, aber die Suche nach objektiven vergleichbaren Kriterien für ein gutes Buch kann nicht zur allgemein gültigen Zufriedenheit gelöst werden. Zum Glück läßt der Kultusminister in seinen Richtlinien alle Texte aus dem Erfahrungsbereich der Kinder zu, so muß auch nicht ständig der pädagogische Nutzen eines von Kindern abgelehnten »guten« Buches gegen den Lesespaß des heißgeliebten seichten, trivialen Schmökers abgewogen werden.

Auch hier erfahren die Teilnehmer, wie feinfühlig man die Toleranzgrenze zwischen Unterhaltungswert und eigenem Anspruchsdenken sehen muß, wie sensibel die Führung nur sein kann, und daß sich allenfalls eine kritische Lesehaltung erziehen läßt; denn bekanntlich ist der Streit um den Geschmack ja auch noch nicht entschieden.

Blicke ich zurück, so sehe ich als Basis für die fruchtbare Arbeit eine in diesem Jahr gewachsene positive Gruppenstruktur. Die notwendige Zeit wurde allerdings erschlichen mit dem – Lehrern nur allzu bekannten – Mut zur Lücke. Zwar konnten nicht alle »Bausteine« bearbeitet, Akzente mußten gesetzt, Schwerpunkte mit den Teilnehmerinteressen abgestimmt werden. Dafür sind Erfahrungen hilfreich, die wir bei der Herstellung eines ›Maschendrahtkrokodils‹ gewonnen haben und die den vorgegebenen Zeitrahmen erheblich sprengten, wenn im eigenen Unterricht das Buch von Binett Schröder »Krokodil, Krokodil« ästhetisch gestaltet werden soll, denn die

Gruppe bleibt (freiwillig) bestehen und trifft sich in unregelmäßigen Abständen zum Erfahrungsaustausch und zur Weiterarbeit. Kleinere Defizite werden ergänzt.

Profitiert haben inzwischen auch viele Schüler, die von den neuen Anregungen und Arbeitsmitteln begeistert waren, wie einige Teilnehmer berichteten. Einige Lehrer setzten ihr neu erworbenes Wissen in Konferenzen um, damit das gesamte Kollegium an den Ideen zur Leseförderung teilhaben konnte. Der Erfolg der Fortbildung ist unter anderem darin begründet, daß sie von Religion bis Sport die gesamte Palette der Grundschularbeit integriert. Mit Freude beobachte ich, wie die Gruppenmitglieder wachsende Sensibilisierung erfahren, um das Lesen in das Spektrum aller Unterrichtsfächer einzubetten.

Mir hat die Arbeit als Moderatorin großen Spaß gemacht, was sich unter anderem in meinem Beitrag für die Abschlußzeitung ausdrückt: unter Krefelder Portraits habe ich meine Teilnehmer versteckt, unter großem Gelächter hat man sich gesucht und gefunden. Das große Dokumentationsbuch wurde immer wieder zur Hand genommen und angeschaut, es ermunterte viele Teilnehmer, ein Klassentagebuch anzulegen und in den von mir besorgten Lesestöcken der hiesigen Tageszeitung zu etablieren.

Aufgrund der Euphorie, mit der alle Teilnehmer das Leseförderkonzept mittrugen, bin ich zuversichtlich, daß Bücher auch weiterhin eine wichtige Rolle im Unterricht einnehmen werden und kompetente Lehrer selbstbewußt ihre Unterrichtskonzeption gegenüber Eltern und Kollegen vertreten.

Daher freue ich mich schon auf die Arbeit mit der nächsten Gruppe und dem überarbeiteten Material.

Kinderbücher:
Bücher von Kindern für Kinder

Christel Böhme[*]

Seit langem hatte ich versucht, Kinderbücher so oft wie möglich in den Unterricht einzubeziehen und Kindern den Weg zum Buch zu eröffnen. Dabei wollte ich den Kindern nicht nur einfach gute Texte präsentieren, sondern ich wollte sie dazu bringen, daß sie aktiv mit Büchern umgehen und eventuell selbst Texte und auch kleine Bücher erstellen. Dieses Ziel zu realisieren, bereitete immer wieder Schwierigkeiten. Manchmal war es organisatorisch nicht möglich, manchmal fehlten Materialien und Anregungen.

Das Fortbildungsangebot »Lesen in der Grundschule« stieß deshalb sofort auf mein Interesse. Ich meldete mich also zur Fortbildung an, mußte eine Zeitlang warten, bis ich endlich die Nachricht erhielt, daß ich teilnehmen konnte. Alle vierzehn Tage fuhr ich dann ein Jahr lang dienstags nach der 2. Stunde zum »Lesekurs«, wie meine Schülerinnen und Schüler das nannten. Die Kinder bekamen mit, wie ich neue Anregungen erhielt, wie ich lernte. Dabei ging es ihnen nicht nur darum, daß ihre Lehrerin jetzt mehr mit Büchern zu tun hatte, nein, sie beobachteten aufmerksam, wie ich »als Erwachsener« lernte, sie fragten nach meinen »Hausaufgaben« und ließen sich immer wieder erzählen, was ich erlebt hatte. Als ich ihnen die Bücher zeigte, die wir in der Fortbildungsmaßnahme selbst hergestellt hatten, waren sie begeistert. So etwas wollten sie auch machen!

In der Fortbildung hatten wir bei dem Thema »Projekte mit Texten und Büchern« in fünf Kleingruppen Bücher zu unterschiedlichen Themen unter jeweils anderen Rahmenbedingungen gestaltet. Zwei Gruppen hatten jeweils den Anfang des Buches »Pizza und Oskar« von Achim Bröger vorgelegt bekommen und waren aufgefordert worden, dieses Buch fortzuführen und neue Abenteuer zu erfinden. Als Zusatzmaterial erhielten die beiden Gruppen verschiedene Bilder,

---

* Grundschullehrerin, Teilnehmerin der Fortbildungsmaßnahme »Lesen in der Grundschule«

die sie benutzen oder ergänzen konnten. Die dritte Kleingruppe bekam als Arbeitsvorlage ein Gedicht über eine kleine Maus. Auch dazu wurden Bildvorlagen angeboten. Die Gruppe sollte Gedicht und Bildvorlagen neu miteinander verknüpfen und gegebenenfalls verändern. Eine weitere Gruppe sollte ein Sachbuch erstellen, eine andere den kurzen Phantasietext einer Schülerin mit dem Titel »Die Pucfanten« umsetzen. Die Gruppe, an der ich teilnahm, bekam den Auftrag, Texte oder ein Buch zu einem von uns selbst zu bestimmten Leitthema zu finden bzw. zu erarbeiten.

Alle Kleingruppen hatten sich vorher damit beschäftigt, wie man Bücher herstellen kann. Unterschiedliche Möglichkeiten der Vervielfältigung (Umdrucker, Kopiergerät, Stempeldruckkasten und Kinderhanddruckerei) waren ebenso besprochen und erprobt worden wie Formen der Bindung, der Illustration, Titelblattgestaltung u. a. Es war klar, daß angesichts dieser vielfältigen Möglichkeiten, die wir im Rahmen der Fortbildung realisieren konnten, die einzelnen Kleingruppen zu sehr unterschiedlichen Lösungen kamen. Manches, was sich vorher in der Fortbildung noch einfach angehört hatte und schnell zu machen schien, erwies sich doch als schwieriger. Und manches, was man sich vielleicht früher nicht vorgenommen hätte, weil es als zu schwierig erschienen war, stellte sich doch als verhältnismäßig einfach und leicht zu bewerkstelligen heraus. Die Kleingruppen, die sich mit Achim Brögers Buch beschäftigten, legten das Hauptaugenmerk ihrer Arbeit auf die Textproduktion. Sie druckten den Text neu, fügten passende Bilder ein, gestalteten einen Einband und produzierten dann ein komplettes Buch.

Die Gruppe, die sich mit dem Gedicht von der kleinen Maus befaßte, entschied sich für die Herstellung eines Leporellos. Die einzelnen Bilder wurden vergrößert und mit jeweils einer Zeile des Gedichtes versehen. Anschließend klebte die Gruppe die fertigen Seiten auf das vorbereitete Leporello (farbiges Tonpapier). Schwierigkeiten hatte die Gruppe, die das Sachbuch herstellen sollte. Sie hatte sich für das Thema »Wildpferde« entschieden. Zwar verfügte die Gruppe über eine Menge Materialien und Vorlagen. Es war aber doch nicht ganz einfach, die Texte mit der Kinderhanddruckerei zu drucken und die Texte und Bilder richtig zu plazieren. Unbefriedigend blieb die Qualität der Bildkopien. Beachtlich waren dagegen der Informationsgehalt der Texte, die gelungene Aufbereitung und Gestaltung. Gerade die Erfahrung des praktischen Umgangs mit Materialien und die Auseinandersetzung mit technischen Schwierigkeiten war für die Teilnehmer im Hinblick auf die weitere Arbeit in der Klasse sehr ertragreich: Materialien und Arbeitsformen konnten so variiert werden, daß sie in einer Klasse leichter gelingen.

Ein »Winterbuch« war das Leitthema, das sich die vierte Gruppe gewählt hatte. Dieses Buch war eine Sammlung von Geschichten, Rätseln, Spielen, Gedichten und Bastelanleitungen mit übernommenen oder selbstgefertigten Illustrationen. Verbindende oder erläuternde Texte waren mit der Hand eingefügt worden. Probleme bei der Gestaltung des Buches ergaben sich aus der Notwendigkeit, sich stofflich sehr beschränken zu müssen. Die Frage einer angemessenen Gestaltung des Buches nahm einen breiten Raum in der Gruppenarbeit ein. Hier wurden bildnerische und textliche Elemente miteinander verknüpft oder gegeneinandergestellt. Die Einbandgestaltung wurde ausführlich diskutiert, denn das Buch sollte vom Äußeren her schon einen Eindruck über den Inhalt vermitteln. Die Gruppe entschied sich zum Schluß für einen Einband aus hellblauem Tonpapier. Es wurde ein Stück schwarzes Papier aufgeklebt, auf das mit Deckweiß geschrieben und gemalt war. Schwarz erschien der Titel auf dem blauen, weiß auf dem schwarzen Teil. Dieses Buch wurde geheftet – wie die Bücher der anderen drei Gruppen auch. Später überlegte die Gruppe, ob es nicht günstiger gewesen wäre, eine Wollfadenheftung zu wählen, damit später über einen längeren Zeitraum noch weitere Texte hätten hinzugefügt werden können.

Die letzte Gruppe hatte den kurzen Phantasietext einer Schülerin über die Pucfanten (elefantenähnliche Fabelwesen) zu bearbeiten. Dem Text entsprechend, malten die Gruppenmitglieder die Fabelwesen und klebten die Abbildungen collageartig auf mehrere in verschiedenen Rosatönen eingefärbte Blätter. Um dieses Buch auch den anderen Kursteilnehmern zur Verfügung zu stellen, wurden Farbkopien gemacht, eine Vervielfältigungsform, die aufgrund der hohen Kosten normalerweise in der Schule nicht angewandt werden kann. Deshalb wurden zusätzlich in der Schule schwarzweiße Kopiervorlagen erstellt, die von Schülern ausgemalt werden konnten.

Intensiv sahen die Schüler meiner Klasse die Bücher an, die in der Fortbildung entstanden waren. Besonders das Winterbuch gefiel ihnen, das Pucfantenbuch faszinierte sie. Sie konnten sich nicht richtig entscheiden, welche Art Buch sie selbst herstellen wollten. Und überhaupt: Für wen sollte das Buch gedacht sein?

Ein »Zufall« kam ihnen bei ihrer Entscheidung zur Hilfe: An unserer Schule ist es üblich, daß den Schulanfängern gleich zu Beginn ihrer Schulzeit »Paten« zur Seite gestellt werden. Die »Paten« sind die Schüler der dritten Klasse. Sie sollen den Erstkläßlern helfen, ihnen das Einleben in die Schule erleichtern. Und selbstverständlich bekommen die Schulanfänger am ersten Schultag von ihren Paten etwas geschenkt. Nichts Teures oder Großes, sondern etwas »Persönliches«. In diesem Jahr hatte meine Klasse die Aufgabe, die Patenschaft für die erste Klasse zu übernehmen. Und was lag da näher, als den Erstkläßlern zur Einschulung ein Buch zu schenken. Ein von den Paten hergestelltes Buch natürlich!

Die Schüler suchten nach Ideen für ein Verschenk-Buch. Sie wollten die Bücher, die ich ihnen aus der Fortbildung gezeigt hatte, nicht einfach nachmachen, sondern sie suchten nach neuen Ideen. Ein Kind erinnerte sich an ein Bilderbuch von Tomi Ungerer »Die drei Räuber«[1]. Ich hatte es der Klasse nach der ersten Kompakttagung unserer Fortbildung gezeigt. [Während der Tagung waren Dias und eine entsprechende Lautkulisse zum Buch vorgestellt worden.] Sofort stimmten die anderen Schüler zu, die Geschichte von den drei Räubern für die neuen Erstkläßler als Geschenkbuch herzustellen. Zwar hatte ich nicht die Dias von der Kompakttagung zur Verfügung, aber im Fortbildungsmaterial waren ja Illustrationen und Kopiervorlagen abgedruckt, die ich nutzen konnte.

Ich fertigte Folien von den Illustrationen an und malte sie bunt. Die Schüler unterlegten den Text mit Geräuschen, dazu wurden dann die Folien gezeigt. Und plötzlich entstand die Idee, zu den Bildern eine neue Geschichte zu schreiben.

Ich teilte die Klasse in sechs Kleingruppen ein, die sich bei der Arbeit am Text absprechen, einander helfen und ergänzen sollten. Die Bilder der »Räubergeschichte« wurden vergrößert, auf Kartons geklebt und an die Seitenwand der Klasse gehängt. Schnell hatten die

Schüler Texte zu den einzelnen Bildern verfaßt. Einige hatten sich vollkommen von der Geschichte Ungerers gelöst und den Anfang zu einer völlig neuen Abenteuergeschichte verfaßt. Natürlich wollte jede Gruppe jetzt ihr Buch herstellen. Aus zeitlichen Gründen war dies allerdings nicht möglich, denn der Gestaltungs- und Druckvorgang war viel aufwendiger, als die Schüler eingangs vermutet hatten. So mußten sie sich für eine Geschichte entscheiden. [Das war nicht einfach. Einige Schüler waren enttäuscht, daß sie angeblich »umsonst« ihre Geschichte geschrieben hatten. – Sicherlich wäre es besser, bei einer nochmaligen Durchführung des Projekts für die abschließende Vervielfältigung des Textes mehr Zeit einzurechnen, damit alle Texte gedruckt werden können.] Dann wurden unterschiedliche Druck-Verfahren mit den Schülern besprochen. Wie kann man den Erstkläßlern den Text vorlegen? Das Scheiben mit der Schreibmaschine kam nicht in Frage, da deren Schrifttypen nicht denen entsprachen, die die Erstkläßler lernen würden. Das Drucken mit der Hand entfiel für meine Klasse, da sie nur die Schreibschrift zu schreiben gelernt hatte. Es blieb also nur die Möglichkeit, mit der Freinet-Druckerei oder dem Stempel-Druckkasten zu arbeiten. Die Klasse machte jeweils einen kurzen Probedruck und gab sie den ersten Schuljahren zu einer Art »Probelesen«. Die befragten Schüler entschieden sich für das Blatt mit den großen Buchstaben aus dem Stempeldruckkasten. Zugleich übten sie aber auch Kritik am Inhalt des Probedrucks. Ihnen waren die langen Sätze zu schwierig.

So gingen die Schüler noch einmal daran, den Text zu überarbeiten und zu kürzen. Dies erleichterte dann auch das Drucken. Die Herstellung des Buches wurde von Dreiergruppen vorgenommen, die abwechselnd schrieben, druckten oder vervielfältigten. Die dabei jeweils nicht beteiligten Schüler hatten die Aufgabe, die Bilder buntzumalen. [Dies erwies sich später als recht problematisch.] Das Drukken, das manchem auf den ersten Blick recht einfach erschien, war für einige eine schwierige Aufgabe. Insbesondere die Einbindung der Illustrationen in den Text stellte hohe Anforderungen. Immer wieder mußte neu probiert werden, nicht alles klappte so wie erwartet. Schnell bildeten sich für bestimmte Arbeitsphasen oder Probleme unter den Schülern Spezialisten heraus, die geschickt neue Lösungen fanden. Die meisten Schwierigkeiten ließen sich aber nur in Zusammenarbeit lösen. Da mußten die aneinandergesteckten Buchstaben gemeinsam gehalten und sehr vorsichtig aufgesetzt werden, Schablonen mußten angelegt, der richtige Zeilenabstand eingehalten werden. Die »Spezialisten«, die sich mit einer Sache besonders gut auskannten, wurden für die Mitschüler zu Fachautoritäten, und wie selbstverständlich übernahmen diese die neue Rolle, um später dann in anderen Gruppen wieder »Lerner« zu sein. Gegenstand unserer ständigen gemeinsamen Diskussion blileb der Text. Und nachdem sich die Technik des Druckens eingespielt hatte, wurde die Auseinandersetzung mit dem Text noch verstärkt: Die Text-Schreiber lernten, ihre Texte zu verteidigen und wollten sich nicht den »technischen Zwängen« unterordnen. Warum sollten sie ohne wörtliche Rede schreiben, nur weil der Text dann kürzer und für die Drucker einfacher wird? Diskussionen über Diskussionen...

Schließlich war der Druckvorgang beendet, die Bücher konnten gebunden werden. Zwei Tage lang nahmen wir uns dafür Zeit. Die Buchdeckel bestanden aus schwarzem Plakatkarton, der Titel des Buches wurde mit einem Borstenpinsel aufgetragen. Die drei Räuber wurden mit Hilfe einer Schablone als Negativdruck mit Deckweiß gedruckt.

Endlich war das Buch fertig. Die Arbeit daran war für meine Klasse überaus befriedigend. Sie war sogar so motivierend, daß auch im vierten Schuljahr Bücher geschrieben wurden (über einen Jugendherbergsaufenthalt und einen Besuch in einem Museum).

Die Erstkläßler, die das Räuber-Buch geschenkt bekamen, lesen es jetzt schon. Und sie sind auf die gleiche Art und Weise von ihm gefangen wie die Schüler meiner Klasse.

So setzen sich die Anregungen aus unserer Fortbildungsmaßnahme »Lesen in der Grundschule« fort. Hätten die Schüler nicht an den Produkten aus der Fortbildungsgruppe gesehen, was sich mit Büchern alles anfangen läßt, und hätte ich nicht in der Fortbildungsgruppe unterschiedliche Verfahren der Buchherstellung ausprobieren und selbst mit Schwierigkeiten kämpfen und Erfolge erringen können, wer weiß, ob ich das Projekt über die »Drei Räuber« angegangen hätte. Die Erfahrung mit dem Projekt belegt eindringlich, wie wichtig es war, in der Fortbildung praktisch zu arbeiten, sich mit Kollegen auszutauschen und seine bisherige Arbeit zu reflektieren. Dadurch habe ich viel Neues gelernt und manches von dem, was Routine war, überdacht und verändert.

Anmerkungen

[1] Ungerer, Tomi: Die Drei Räuber. Diogenes, Zürich 1977.

Lernen, Lehrer für Lehrer zu sein: Als Moderator in der Fortbildungsmaßnahme

Petra Urselmann*

»Lesen in der Grundschule – eine Lehrerfortbildung zur Leseförderung« – diese Ankündigung fand ich 1988 im Fortbildungsprogramm des Regierungspräsidenten in Münster. Aufmerksam las ich die Ausschreibung und war enttäuscht: Die Veranstaltungsreihe wurde in meiner Nähe nur für die Region Gelsenkirchen angeboten. Trotzdem rief ich in Münster an; Lese- und Schreibförderung waren doch besondere Interessenschwerpunkte meiner Arbeit in der Schule. Und schließlich hatte ich lange schon auf Fortbildungsangebote zu diesem Thema gewartet, war bis dahin auf private Fortbildung angewiesen. Aber was sind schon abstrakte Fachliteratur oder trockene Projektbeschreibung für jemanden, der in der Praxis Leseförderung betreiben will!

Die Reaktion auf meine Nachfrage war überraschend positiv. Man könne eventuell eine Ausnahme machen, hieß es. Und dann wurde gleich weitergefragt, ob ich mir nicht vorstellen könne, wenn ich schon so besonders an Leseförderung interessiert sei, eventuell später einmal eine Fortbildungsgruppe in Gladbeck zu leiten.

Ich erschrak. Eine Fortbildungsgruppe leiten, so ohne weiteres? Ohne Vorbereitung?

Gleich kamen beruhigende Erklärungen. Erst sollte ich einmal an der Fortbildung in Gelsenkirchen teilnehmen und prüfen, wie ich mit dem Fortbildungskonzept und den angebotenen Inhalten zurechtkäme. Für den Fall, daß ich dann an der Leitung einer Gruppe in Gladbeck interessiert sei, würde ich dann auf diese Aufgabe beim Landesinstitut für Schule und Weiterbildung in Soest vorbereitet. Ausbildung zur Moderatorin, das klang schon nicht mehr ganz so schwierig. Ich sagte zu. Die Fortbildung in Gelsenkirchen konnte beginnen. Wir Teilnehmer arbeiteten uns intensiv in die verschiedenen Möglichkeiten der Leseförderung ein. Und die Arbeit des Modera-

---

* Grundschullehrerin und Moderatorin der »zweiten Generation« in der Fortbildungsmaßnahme »Lesen in der Grundschule«

tors? Offensichtlich war sie doch nicht so einfach, wie es auf den ersten Blick schien. Komplexe Arbeitsverläufe mußten strukturiert, unterschiedliche Ansprüche und Möglichkeiten der Teilnehmer berücksichtigt werden. Und dann die Arbeit mit dem umfangreichen Material, die Bewältigung so vielfältiger Themenbereiche...

Ich war ein wenig unsicher, als ich zu einem ersten Vorbereitungstreffen der neuen Moderatorinnen und Moderatoren nach Soest fuhr. Fast alle meine neuen Kollegen befanden sich in der gleichen Situation wie ich: Sie hatten bereits an der Fortbildungsmaßnahme teilgenommen und sollten jetzt für die Moderatorentätigkeit in ihrer Region ausgebildet werden. Auf dieser Vorbereitungstagung, die von einem Mitarbeiter des Landesinstituts und von Moderatoren der »ersten Generation« geleitet wurde, lernten sich die »Neuen« erst einmal kennen, erfuhren die Rahmenbedingungen der Fortbildungsmaßnahme. Ausgehend von unseren eigenen Erfahrungen als Teilnehmer, erarbeiteten wir vertiefend Möglichkeiten der Texterschließung, erhielten neue Informationen über die Ermittlung der Lesefähigkeit bei Grundschülern und sammelten neue Ideen für ein Autoren-Moderatoren-Seminar im November 1989. Schließlich planten wir die Strukturen für unsere kommende fünftägige Fortbildungstagung.

Grundprinzip der Ausbildung zum Moderator war, daß wir die methodischen Verfahren und die Inhalte, die wir mit den zukünftigen Teilnehmern praktizieren wollten, selbst erst einmal erfahren mußten. So begannen wir, unterschiedliche Gestaltungsformen der 1. Fortbildungsversammlung durchzuspielen. Wie lernt man sich in einer neuen Gruppe kennen? Wie kann man die Interessen und Wünsche der unterschiedlichen Teilnehmer erfahren und programmatisch strukturieren? Wir probierten ein »Leselied« aus, lernten spielerische Einstiege in die Gruppenarbeit kennen.

Dann beschäftigten wir uns mit dem umfangreichen Moderatoren- und Teilnehmermaterial und suchten die Themenbereiche aus, die uns im Bezug auf die eigene Ausbildung zum Moderator als besonders wichtig erschienen. An dieser Auswahl lernten wir dann auch bereits ein Verfahren dazu, wie man Teilnehmerwünsche erfassen und in gemeinsame Planungen umsetzen kann. Nachdem wir über die organisatorischen Rahmenbedingungen der Moderatorentätigkeit informiert worden waren, war der erste Tag der Moderatorenausbildung auch schon vorbei. Einigen war offensichtlich mulmig. Hatten sie sich nicht auf etwas zu Schwieriges eingelassen? Wie würde die erste Fortbildungsveranstaltung ablaufen? Da war es wichtig, daß die neuen Moderatoren schnell Vertrauen zueinander fanden und ihre Bedenken und Befürchtungen austauschen konnten.

LESELIED

Wenn ich lese,
    will ich das verstehen.
Wenn ich lese,
    will ich weitersehen.

Wenn ich lese und verstehe
    und ein bißchen weitersehe,

das ist Lesen,
    LESEN IST VERSTEHEN.

Wenn du laut liest,
    höre ich dir zu.
Wenn du laut liest,
    lass' ich mein Buch in Ruh.

Wenn du laut liest, will ich hören,
    lass' mich gern von dir betören

Wer gestaltet,
    dem hör'n alle zu.

R. Urbanek

auf die Melodie:
»Von den blauen
Bergen kommen
wir«

(alternativ:
»stilles Lesen
heißt, den Text
verstehen.«)

(alternativ:
»keiner soll
mich dabei
stören.«)

Der zweite Tag der Moderatorenausbildung stand ganz im Zeichen zweier inhaltlicher Schwerpunkte, nämlich verschiedener Verfahren der Texterschließung sowie der Feststellung von Lesefähigkeit und der Lesediagnose. Unter Anleitung zweier erfahrener Moderatorinnen arbeiteten wir mit erwachsenendidaktisch orientierten Methoden, die wir später auch in unseren Fortbildungsgruppen einsetzen konnten.

Der nächste Tag wurde ausschließlich der Vorbereitung der ersten Fortbildungsveranstaltung in den Regionen gewidmet. Hier wurden Ideen gesammelt, Verfahren durchprobiert. Anfang September sollten unsere Fortbildungsgruppen bereits beginnen. Mit ein wenig Beklemmung fuhren wir am Ende des dritten Tages nach Hause. Nach den Sommerferien würde die Fortbildung beginnen. Die erste Sitzung! Wir waren natürlich noch unsicher, unterstützten uns gegenseitig. Oft riefen wir uns in den Sommerferien an und diskutierten.

Auf dem zweiten Moderatorentreffen im September 1989 wurden dann die Eindrücke und Erfahrungen von den ersten Fortbildungsveranstaltungen ausgetauscht. In den meisten Fortbildungsgruppen hatte es inzwischen drei Sitzungen gegeben. Die neuen Moderatoren hatten Fragen, übten Kritik, gaben Tips weiter.

Wie auf der ersten Tagung abgesprochen, wurde ein Markt der Möglichkeiten durchgeführt:

Eine Moderatorin beschäftigte sich ausführlich mit Peter Härtlings Buch »Ben liebt Anna«, sie führte eine Videocassette der entsprechenden Theateraufführung vor, zeigte eine Textdokumentation und ein selbsterstelltes Textbuch. Eine andere Moderatorin erläuterte eine Sendung, die der Westdeutsche Rundfunk mit ihrer Klasse zum Thema »Analphabeten – Umgang mit Sprache« produziert hatte. Eine Kollegin berichtete von einem Schulbuchprojekt über Jutta Richters Kinderbuch »Satemin Seidenfuß«, das sie gerade durchgeführt hatte.

Dann wurden Freinet-Druckerei, der Stempeldruckkasten, der Limograph (Siebdruckverfahren) vorgestellt und auch mit Computern gearbeitet. Es entstand ein »Herbstbuch«. Nach anfänglicher Skepsis gegenüber der Freinet-Druckerei fanden wir neue Moderatoren immer mehr Gefallen und Spaß an dieser Form der praktischen Arbeit.

Ein zweiter Schwerpunkt der Tagung bestand in der Auseinandersetzung mit der Vermittlungs- und Beziehungsebene von Fortbildungsprozessen. Wir erarbeiteten erwachsenendidaktisch orientierte Moderationsmethoden, wendeten sie auf einzelne Themen der Fortbildung an, beschäftigten uns aber auch mit Problemen von Moderation, mit Störungen und Konflikten. Besonders wichtig war das Kennenlernen und Erproben von unterschiedlichen Formen der Rückmeldung und der Erfolgskontrolle.

Schließlich vertieften wir unsere Kenntnisse über Lesetheorien. Wenn auch mancher den Theorien eher skeptisch gegenüberstand, so war doch allen bewußt, daß Fortbildung ohne Theorie zu leicht zu einer Rezeptologie verkommt, in der Teilnehmer die Anregungen nur einfach übernehmen, ohne sich über deren Implikationen im klaren zu sein. Aufgabe des Moderators in der Fortbildung ist es also auch, Theoriebedürfnis zu wecken. Dies ist am ehesten möglich, wenn Theorie so funktional in die Fortbildung eingebracht wird, daß sie von den Teilnehmern als notwendige Hintergrundinformation empfunden wird.

Neben diesen Ausbildungsschwerpunkten wurden natürlich über die gesamte Tagung hinweg informelle Gespräche über die bisherige Fortbildungsarbeit und über mögliche zukünftige Arbeitsformen geführt. Kennzeichnend für die gute Arbeitsatmosphäre war, daß, als eine Referentin ausfiel, eine Teilnehmerin sich spontan bereit erklärte, mit uns statt dessen die Verklanglichung von Texten auszuarbeiten.

Im November 1989 fand das dritte Ausbildungstreffen für die neuen Moderatoren statt. Auf der »Weißenburg« in Billerbeck hatten die Moderatoren Gelegenheit, mit sechs Kinderbuchautoren/innen zusammenzuarbeiten und zu diskutieren. Inge Meyer-Dietrich, Reinhard Bottländer, Uwe Natus, Gisela Kalow[1], Ingrid Uebe und Jo Pestum stellten sich in einer Interviewrunde vor und arbeiteten dann in drei Kleingruppen mit den Moderatoren, wie man Autorenlesungen planen und die daran anschließende Diskussion gestalten kann. Im Anschluß an diese Gruppenarbeit hielt Jo Pestum einen Vortrag über »Das Ende der Lesekultur«, der eine hitzige Diskussion bei den Teilnehmern auslöste. Bis Mitternacht wurde gestritten und diskutiert.

Am folgenden Tag des Autorenseminars wurden in Schulklassen an drei Schulen Autorenlesungen durchgeführt, die am Nachmittag mit den Moderatoren ausgewertet wurden. Wir klärten, ob sich die Planungen bewährt hatten, überlegten Veränderungen.

Mit diesem Autorenseminar war die erste Hälfte unserer Moderatoren-Ausbildung beendet, ebenso fast die erste Hälfte der Fortbildungsveranstaltungen. Die meisten Moderatoren fühlten sich jetzt sicherer, gingen die nächsten Veranstaltungen gelassener an. Und im Februar 1990 war schon die nächste Tagung für die neuen Moderatoren zum Thema »Szenische Umsetzung von Texten« und zur Arbeit an den sieben Bausteinen des Teilnehmer- und Moderatorenmaterials...

Anmerkungen

[1] Vergleiche ihren Bericht über diese Veranstaltung auf S. 50 dieses Bandes

Bebildertes von Autoren und Lehrern

Gisela Kalow*

* Bilderbuchmalerin, Oberursel

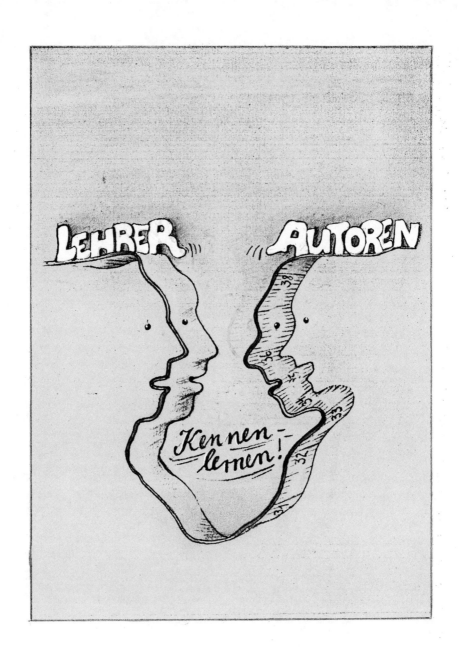

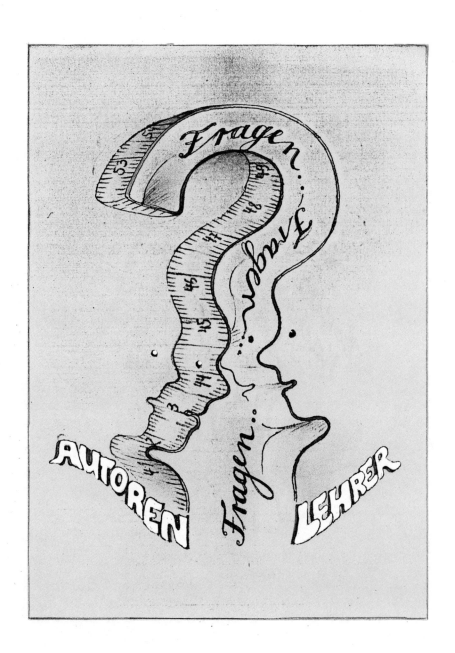

Gemeinsam zum Buch führen

Iris Fischer*, Edeltraut Schauer**

Wie können Schulen und Bibliotheken aus Kindern Leser machen?

Zu einer Fortbildungsveranstaltung im Rahmen des Projektes »Lesen in der Grundschule« hatten die Bertelsmann Stiftung und das Landesinstitut für Schule und Weiterbildung in Soest am 29. und 30. November 1989 nach Duisburg eingeladen. Auf die Stadt Duisburg als Tagungsort fiel die Wahl, weil die Stadt gleichzeitig die Internationale Kinderbuchausstellung (IKiBu) beherbergte. Zum Thema »Schule und Bibliothek« trafen sich elf Grundschullehrer/innen und zehn Bibliothekare/innen aus öffentlichen und kirchlichen Bibliotheken, aus Schulbibliotheken und Staatlichen Büchereistellen.

Ziel der Veranstaltung war es, die Kooperation der beiden Berufsgruppen im Sinne des gemeinsamen Anliegens – einer fruchtbaren Leseerziehung – zu fördern.

Zu den zentralen Fragestellungen gehörten:
- Möglichkeiten zur *Intensivierung* der Zusammenarbeit zwischen Schulen und Bibliotheken bei der Leseförderung.
- Möglichkeiten der Zusammenarbeit unter *ungünstigen Bedingungen.*
- Wie können *Eltern* in die Arbeit eingebunden werden?
- Wie können Lehrer beim *Aufbau von Schulbibliotheken* von Bibliothekaren lernen?
- Wie können die unterschiedlichen Bedingungen in der *Stadt* und in *ländlichen* Gemeinden berücksichtigt werden?

Um möglichst viel vom anderen zu erfahren, taten sich zu Beginn der Tagung jeweils ein(e) Lehrer/in und ein(e) Bibliothekar/in zusammen und »interviewten« sich wechselweise. Obwohl die Lehrer sich untereinander durch vorherige Seminare kannten und die Bi-

---

* Leiterin der Stadtbücherei, Neukirchen-Vluyn
** Moderatorin der Fortbildung »Lesen in der Grundschule«, Schulleiterin in Iserlohn

bliothekare einander »fremd« waren, entstand schnell eine angenehme und freundliche Atmosphäre. Das Engagement der Seminargruppe zeigte sich schon bei dieser Vorstellungsrunde. Es wurde nach beruflichem Werdegang und beruflichen Schwerpunkten gefragt, nach der eigenen Lesebiografie und geplanten Objekten. Persönliches interessierte weniger, hier zählte jeder als Berufspartner. Schon bei diesem ersten »Beschnuppern« wurden manche Vorurteile abgebaut.

Mit intensiver Gruppenarbeit begann am Nachmittag der erste Schwerpunkt der gemeinsamen Überlegungen. Es wurden Begriffe gesammelt, die das ganze Spektrum der Zusammenarbeit zwischen Schule und Bibliothek abdecken sollten: was man sich wünscht und was man sich nicht wünscht. Da tauchte Negatives auf, wie Vorurteil, Unkenntnis über die Sachzwänge, Trägheit, Schwellenangst, aber auch Positives, wie Kreativität, Aufeinander-Zugehen, gemeinsame Aktionen.

Die gefundenen Begriffe wurden thematisch geordnet und vier Arbeitskreise gebildet, die sich den folgenden Themenstellungen zuwandten.

1. Kooperation von Schule und Bibliothek
2. Gemeinsame Aktionen von Schule und Bibliothek
3. Besuch einer Schulklasse in der Bibliothek
4. Institutionalisierung der Kontakte von Schule und Bibliothek (Richtlinien)

In jeder Gruppe arbeiteten Lehrer/innen und Bibliothekare/innen zusammen. Die »Ausbeute« an Themen war beachtlich. Es wurden konkrete Vorschläge und Stufenpläne zur integrativen Zusammenarbeit von Schule und Bibliothek erarbeitet.

Mit der Verwirklichung dieser Pläne – davon waren alle Teilnehmer überzeugt – könnte die Leseförderung und ein »Neugierig-Machen-auf-Bücher« bei Kindern wirkungsvoll unterstützt werden, besonders, wenn die Eltern bei der Durchführung mit eingebunden werden; denn Leseförderung beginnt in der Familie. Ganz deutlich wurde auch der Wunsch nach unterstützenden Richtlinien und Erlassen durch die entsprechenden Ministerien formuliert, in denen die Bibliotheksnutzung fest im Lehrplan der Schulen bzw. im Arbeitsplan der Bibliotheken verankert werden. Denn gezielte Förderung kostet Zeit, Raum, Personal und finanzielle Mittel. Aber der Gewinn – nämlich lesende Kinder und Jugendliche – wäre es wert.

Die theoretischen Überlegungen ergänzten am zweiten Tag des Seminars ein Rollenspiel zur Sensibilisierung der Kooperationspartner für Fragen der Umsetzung im Schulalltag. »Zusammenarbeit mit der örtlichen Bibliothek« lautete das Thema dieser Simulation einer

Hier zwei Beispiele:

1) Kooperation von Schule und Bibliothek

Institutioneller Weg ←————————→ **Informativer Weg**

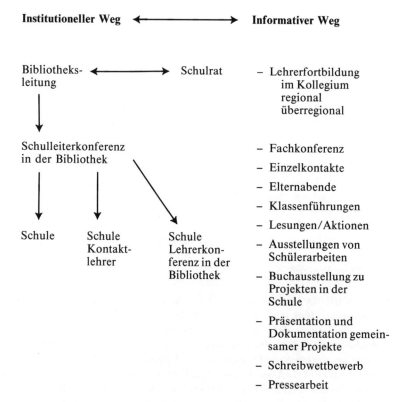

Bibliotheks- ←————————→ Schulrat
leitung

- Lehrerfortbildung
  im Kollegium
  regional
  überregional

Schulleiterkonferenz
in der Bibliothek

- Fachkonferenz
- Einzelkontakte
- Elternabende
- Klassenführungen

Schule   Schule   Schule
       Kontakt- Lehrerkon-
       lehrer   ferenz in der
              Bibliothek

- Lesungen/Aktionen
- Ausstellungen von
  Schülerarbeiten
- Buchausstellung zu
  Projekten in der
  Schule
- Präsentation und
  Dokumentation gemein-
  samer Projekte
- Schreibwettbewerb
- Pressearbeit

2) Gemeinsame Aktionen von Schule und Bibliothek
- Klassenführungen
- Blockausleihe/Bücherkisten
- Schul-Arbeitsgemeinschaften in der Bibliothek
- Lesefeste/Vorlesewettbewerbe
- Jugendbuchwochen
- gemeinsame Projektwochen
- gemeinsame Aktion: Wir schreiben ein Buch
- Teilnahme der Bibliothekare/innen bei Fachkonferenzen
- Präsentation der Bibliothek bei Schulveranstaltungen
- gemeinsame Elternarbeit

Lehrerkonferenz. Nun begann ein interessanter Rollentausch: Moderatoren/innen (Lehrer/innen) übernahmen zum Teil Rollen von Bibliothekaren/innen, Bibliothekare/innen schlüpften in die Rollen von Lehrer/innen.

Frau/Herr Kner*

Sie sind als Leiter/in der städtischen Kinderbücherei zu dieser Lehrerkonferenz eingeladen, um die Möglichkeiten einer Intensivierung der Zusammenarbeit zwischen Schule und Bibliothek zu diskutieren. Sie kennen die/den Konrektor/in, Frau/Herrn Schieban, aus einigen Telefonaten und Frau/Herrn Machon von Büchereibesuchen. Ansonsten wissen Sie nicht, ob Kolleginnen oder Kollegen dieser Schule schon einmal bei Ihnen waren. Sie erhoffen sich von einer Zusammenarbeit mit der Grundschule, neue Leser für Ihre Bibliothek zu gewinnen, die auch außerhalb des Unterrichts Gebrauch von Ihrem umfangreichen Bestand an Büchern, aber auch an Toncassetten und Spielen machen.

Sie haben sich eine kleine Ansprache an das Kollegium zurechtgelegt: mit dem/der Konrektor/in ist dies aber nicht abgesprochen.

Frau/Herr Preige*

Sie sind die/der Schulleiter/in. Für Sie ist besonders wichtig, daß alle Neuerungen dem Ansehen der Schule nutzen. (Dann sorgen Sie auch dafür, daß sie in der Presse erscheinen.)

Insbesondere die konservativen Eltern, die immer fragen, ob denn die Kinder an dieser Schule auch genug lernen, wollen Sie bei der Stange halten, da diese ohnehin die Tendenz erkennen lassen, ihre Kinder an der benachbarten Konfessionsgrundschule anzumelden.

Ihr/e Konrektor/in, Herr/Frau Schieban, hat Sie dazu überredet, heute als TOP 1 »Mögliche Zusammenarbeit mit der städtischen Bibliothek« auf die Tagesordnung zu setzen. Sie haben auch den/die Konrektor/in gebeten, die entsprechenden Vorgespräche mit dem/der eingeladenen Leiter/in der Kinderbücherei zu führen.

Frau/Herr Vietun*

Sie sind als alleinerziehende/r Mutter/Vater von zwei Kindern im schulpflichtigen Alter schulischen Neuerungen gegenüber zwar nicht abgeneigt, erwärmen sich für diese in der Regel aber nur, wenn sie nicht mit zusätzlichen zeitlichen Belastungen verbunden sind.

Vor kurzem wollten Sie für Ihren Achtjährigen ein nettes Kinderbuch aussuchen und waren ziemlich hilflos, aus der Fülle des Angebotes etwas auszusuchen. Sie stellten dabei fest, daß Sie kaum einen Autor oder Titel kannten.

Frau/Herr Schieban*

Sie sind Konrektor/in an der Schule. Sie besuchen gerade die Fortbildung »Lesen in der Grundschule«, weil Sie überzeugt davon sind, daß etwas für die Leseförderung getan werden muß.

Auf Ihre Initiative hin beschäftigt sich heute die Lehrerkonferenz in Punkt 1 ihrer Tagesordnung mit den Möglichkeiten der Zusammenarbeit mit der örtlichen Kinderbücherei. Es hat Sie etwas Mühe gekostet, den Schulleiter von der Sinnhaftigkeit dieses Tagungsordnungspunktes zu überzeugen.

Sie haben auch die Vorgespräche mit der Bibliothek geführt und die Einladung für diese Konferenz im Namen des Schulleiters an die/den Leiter/in der Kinderbücherei gesandt.

Die beiden Hauptfiguren: Schulleiterin (Konferenzleitung) und Leiterin der Städtischen Kinderbücherei wurden vor Beginn des Spiels von »Experten« auf ihre Rolle vorbereitet. Die simulierte Konferenz verlief durchaus lebens- und praxisnah. Die ausgezeichnet charakterisierten Rollentypen, die Kreativität der Teilnehmer und ihre Fähigkeit, sich in Rollen einzudenken, führte zu einem fast beängstigend echten Spielverlauf, der wegen seiner verblüffenden Ähnlichkeit zu erlebten Konferenzen Heiterkeit auslöste. Ziel des Rollenspieles war es, Strategien sichtbar zu machen, wie trotz der unterschiedlichsten Interessenlagen in einem Kollegium die Kooperation zwischen Bibliothek und Schule verstärkt werden könnte. Die Auswertung des Spieles zeigte, daß besonders das Hineinversetzen in eine üblicherweise nicht eingenommene Rolle – aktiv durch Perspektivenwechsel – die andere Seite besser verstehen läßt. Gleichzeitig wurde deutlich, mit welchen Formen der Gesprächsführung sich Widerstände am ehesten überwinden lassen. Überrascht bestätigten sich die beiden Berufsgruppen einander schließlich, daß sie nicht vermutet hätten, wie gut dem jeweils anderen dieser Perspektivenwechsel gelang.

Die abschließende Tageskritik, die die erfolgreich verlaufene Tagung beendete, zeigte, daß sowohl alle Vertreter der Bibliotheken und alle Moderatoren mit dem Ergebnis der Tagung zufrieden waren. Hervorgehoben wurden von den Teilnehmern die Offenheit in den Gesprächen und die lockere Atmosphäre, der Erfahrungsaustausch und die gewonnenen Kontakte.

Alle hatten das Gefühl, mit »einem Sack voller praktischer Anregungen« in den Alltag zurückzukehren. Die Tagung half, Schwellenängste und Vorurteile dem anderen Berufsstand gegenüber abzubauen. Man erhielt einen Alltagseinblick in »die andere Gruppe« und erweiterte seine Kenntnisse. Die Tagung beinhaltete jedoch nicht nur informelle Gespräche, sondern schuf zugleich Voraussetzungen für neue Denkansätze. Im Zusammenhang mit dem Thema »Bücher im Unterricht« wäre auch ein Teamteaching von Lehrern und Mitarbeitern der Bücherei denkbar.

Eine Fortsetzung oder Erweiterung derartiger Zusammenkünfte wurde von allen begrüßt.

Natürlich nutzten die Seminarteilnehmer die Gelegenheit, die von der Zentralbibliothek Duisburg ausgerichtete Internationale Kinderbuchausstellung (IKiBu) zu besichtigen. So manchem Besucher gingen da die Augen über: Büchertische für jedes Lesealter, Vorlesegruppen, Bastelgruppen, Spielgruppen, Malgruppen, Theaterstücke – alles, was ein Lehrer- und Bibliothekarsherz begehrt! Eine große Schar von Eltern, Kindern und Jugendlichen tummelte und drängte sich um die Stände. Ein enormes Potential an Lesern, das Mut macht und den Wunsch bestärkt, auch ohne Richtlinien, Geld und Personal etwas für die Leseförderung mit Kindern zu tun. Zwar kann nicht jeder »klotzen« wie auf der IKiBu, aber sicher kann man auch mit kleinen Schritten »zum Lesen anstiften«.

Anmerkungen

*Ausgewählte Rollenkarten.

Bericht über die Evaluation zum Fortbildungsprojekt »Lesen in der Grundschule«

Gerhard Tulodziecki
unter Mitarbeit von Klaus Breuer

Inhalt:

Vorbemerkung

In den vorangehenden Kapiteln wurde das Fortbildungsprojekt »Lesen in der Grundschule« dargestellt. Um das Projekt in seiner Wirksamkeit einschätzen zu können und gegebenenfalls auf Verbesserungsmöglichkeiten aufmerksam zu werden, war von vornherein beabsichtigt, für die Fortbildungsmaßnahme im Schuljahr 1988/89 eine Evaluation durchzuführen.

Die Evaluation des Fortbildungsprojekts übertrug der Kultusminister in Übereinstimmung mit dem Landesinstitut für Schule und Weiterbildung und der Bertelsmann Stiftung einer Arbeitsgruppe aus dem Fach »Erziehungswissenschaft« an der Universität-Gesamthochschule-Paderborn. Leiter der Arbeitsgruppe ist Prof. Dr. G. Tulodziecki, der auch diesen Bericht verfaßt und zusammen mit Dr. K. Breuer die Konzeption der Untersuchung sowie die Fragebogen entwickelt hat. An der Entwicklung der Fragebogen waren darüber hinaus die studentische Hilfskraft S. Heesch sowie eine Arbeitsgruppe am Landesinstitut für Schule und Weiterbildung beteiligt. Der Arbeitsgruppe am Landesinstitut gehörten die Herren Dr. H. Haenisch und R. Urbanek sowie die Moderatorinnen bzw. Moderatoren W. Burchgardt, A. Herbert-Neitzel, E. Schindler und R. Stenner an. In der Arbeitsgruppe an der Universität-Gesamthochschule-Paderborn wirkten außerdem – mit jeweils spezifischen Aufgaben – die studentischen Hilfskräfte R. Derenthal, Ch. Gaedtke und B. Herzig mit. Die Schreibarbeiten übernahm Frau U. Preuß. Die Auswertungen betreute Dr. K. Breuer. Die Datenverarbeitung wurde am Rechenzentrum der Universität-Gesamthochschule-Paderborn durchgeführt.

Die Evaluation stützt sich zunächst auf eine Eingangsbefragung zum Beginn der Fortbildung, begleitende Beobachtungen und eine Befragung zum Ende der Fortbildungsmaßnahme. Für den Schluß des Schuljahres 1989/90 ist eine weitere Befragung vorgesehen. Sie soll Auskunft über die Situation ein Jahr nach der Fortbildungsmaßnahme geben.

Damit werden zum Ende des Schuljahres 1989/90 – neben den Ergebnissen aus der begleitenden Beobachtung – Daten von drei Untersuchungszeitpunkten vorliegen. Diese Daten können im Sinne einer Längsschnittstudie miteinander verglichen werden, so daß sich mögliche Veränderungen über den Zeitraum von zwei Schuljahren aufzeigen lassen.

In dem jetzt vorgelegten Bericht werden die Ergebnisse der Eingangsbefragung, der begleitenden Beobachtungen und der Befragung zum Ende der Fortbildungsmaßnahme dargestellt. Über die geplante Abschlußbefragung am Ende des laufenden Schuljahres kann erst später berichtet werden.

An dieser Stelle sei allen Moderatorinnen und Moderatoren sowie allen Lehrerinnen und Lehrern für die Unterstützung bei der Evaluation – insbesondere bei der Durchführung der Befragungen – sehr herzlich gedankt.

Im folgenden wird zunächst eine Übersicht über die Ergebnisse der Evaluation gegeben. Hier können sich Leserinnen und Leser, die sich nur einen Überblick verschaffen wollen, schnell informieren. In den anschließenden Abschnitten werden die Fragestellungen für die Evaluation, die Untersuchungsbedingungen und die Ergebnisse für Leserinnen und Leser, die weitere Informationen wünschen, detaillierter dargestellt. Wir hoffen, mit dieser Gliederung den Interessen der Leserinnen und Leser entgegenzukommen.

Zusammenfassende Übersicht zur Evaluation

Die Evaluation zum Fortbildungsprojekt »Lesen in der Grundschule« ging von folgenden Leitfragen aus:

(A) Wie stellt sich die Ausgangssituation für die Fortbildungsmaßnahme dar, insbesondere im Hinblick auf die teilnehmenden Lehrpersonen, auf ihre Schulen und Klassen sowie auf die Zusammenarbeit mit externen Bibliotheken?

(B) Welche Einflüsse, Veränderungen und Bewertungen lassen sich zum Ende der Fortbildungsmaßnahme feststellen?

(C) Welche Auswirkungen und Bewertungen zeigen sich nach dem der Fortbildung folgenden Schuljahr?

Zur Beantwortung dieser Leitfragen sind im Schuljahr 1988/89 zum Beginn der Lehrerfortbildungsmaßnahme und zum Ende *schriftliche Befragungen* bei allen Teilnehmerinnen und Teilnehmern durchgeführt worden. Die schriftlichen Befragungen wurden durch *mündliche Interviews* mit einigen Teilnehmerinnen und Teilnehmern und *Beobachtungen* bei einzelnen Veranstaltungen ergänzt. Zum Abschluß des Schuljahres 1989/90, dem Schuljahr nach der Fortbildung, ist eine weitere *schriftliche Befragung* als Abschlußbefragung für alle Teilnehmerinnen und Teilnehmer vorgesehen.

In dieser Zusammenfassung werden die Ergebnisse zu den Untersuchungen im Schuljahr 1988/89, d.h. zu den obigen Leitfragen (A) und (B), dargestellt. Die Leitfrage (C) kann erst nach Vorliegen der Abschlußbefragung beantwortet werden.

Die nachstehende Zusammenfassung beruht auf den Antworten aller Lehrpersonen, von denen ausgefüllte Fragebogen aus der Eingangsbefragung und der Befragung zum Ende der Fortbildungsmaßnahme vorlagen. Ihre Anzahl beträgt 273. Sofern Prozentzahlen in dieser zusammenfassenden Übersicht genannt sind, beziehen sie sich auf diese Anzahl.

Für die Einordnung der Ergebnisse ist wichtig, daß es sich bei den teilnehmenden Lehrerinnen und Lehrern nicht um eine repräsentative Stichprobe handelt. Die Teilnahme erfolgte mit Bezug auf die Ausschreibung der Maßnahme freiwillig. Insofern können die Ergebnisse nicht auf die gesamte Grundschullehrerschaft in Nordrhein-Westfalen verallgemeinert werden.

Vor dem Hintergrund dieser Überlegungen läßt sich zur *Ausgangssituation* am Beginn der Fortbildungsmaßnahme zusammenfassend folgendes feststellen:

(1) Die *Teilnehmerschaft* besteht zu 82% aus Frauen und zu 15% aus Männern. Von den restlichen 3% liegen keine Angaben vor. Vom Alter her sind die 36–50jährigen am stärksten vertreten.

Der weitaus größte Teil der Lehrpersonen hat im Rahmen der Ersten Staatsprüfung ein Examen im Fach Sprache bzw. Deutsch abgelegt, ist schon langjährig in der Grundschule und im Fach Sprache tätig, hat sich aus eigenem Interesse zu der Teilnahme an der Fortbildungsmaßnahme gemeldet und ist schon einmal ausdrücklich mit Fragen der Leseförderung befaßt gewesen. Ein geringer Teil der Lehrpersonen betreut die Schüler- oder Lehrerbücherei in der Schule oder befindet sich in einer Schulleitungsfunktion.

Zu der Mehrzahl der Inhaltsbereiche, deren Behandlung in der Fortbildungsmaßnahme vorgesehen ist, hat der größere Teil der Lehrpersonen nach eigener Einschätzung mittlere (Vor-)Kenntnisse. Dies trifft für die folgenden Inhaltsbereiche zu: Methoden der Texterschließung, Verfahren zum kreativen Umgang mit Texten, Möglichkeiten der Textproduktion, Klassen- und Schulbibliothek, Textbewertung und Textauswahl für den Unterricht, Analyse des Lesestandes und der Leseinteressen von Kindern. In einigen Bereichen werden die (Vor-)Kenntnisse allerdings als »gering« eingeschätzt. Dies gilt vor allem für klassenübergreifende Projekte mit Texten, für die Zusammenarbeit mit externen Bibliotheken sowie für Lese- und Texttheorien. Bezogen auf Kinderbücher, sagen die meisten Teilnehmerinnen und Teilnehmer zu Beginn der Fortbildungsmaßnahme, daß sie sich etwas oder gut auskennen.

Nach Auffassung des größten Teils der Lehrpersonen hat das Lesen für die Zukunft der Kinder eine sehr große oder große Bedeutung.

(2) Die teilnehmenden Lehrpersonen unterrichten hauptsächlich an *Schulen* mit 100–200 Schülern und mit 6–10 Lehrpersonen. Das Einzugsgebiet der Schulen ist vor allem klein- oder mittelstädtisch. Die Bildungsvoraussetzungen und Einkommensverhältnisse der Familien, aus denen die Kinder kommen, werden schwerpunktmäßig dem mittleren Bereich zugeordnet.

In fast allen Schulen gibt es eine *Lehrerbücherei*. Sie ist hauptsächlich im Lehrerzimmer untergebracht und wird in der Mehrzahl von einer Kollegin bzw. einem Kollegen betreut. In der Regel kann man in der Lehrerbücherei nicht ungestört arbeiten.

Eine *Schülerbücherei* ist nur in knapp der Hälfte der Fälle vorhanden. In einem Viertel der Antworten wird von einem eigenen Raum für die Schülerbücherei gesprochen. Die Betreuung obliegt in der Regel einer Kollegin bzw. einem Kollegen. Nur in relativ wenigen Fällen kann man in der Schülerbücherei ungestört lesen oder einen bücherbezogenen Unterricht durchführen.

Die Bibliothekssituation an der Schule wird von mehr als der Hälfte der Lehrpersonen als »nicht zufriedenstellend« bezeichnet.

(3) Bei den *Aktivitäten,* die als lesefördernd gelten können, gibt es in der Schule relativ häufig gemeinsame Theaterbesuche oder ein Schultheater. In 20 bis 30% der Antworten wird auch von Schülerzeitungen und Autorenlesungen gesprochen. Hin und wieder ist die Leseförderung ein Thema von informellen Gesprächen, Lehrerkonferenzen und pädagogischen Konferenzen gewesen.

(4) Im *Unterricht* werden Kinderbücher und Ganzschriften von vielen Lehrpersonen verwendet. Häufig werden auch Bezüge zum Lesen in der Freizeit hergestellt. Insgesamt besteht bei den Lehrpersonen allerdings eine relativ große Unsicherheit im Hinblick auf die außerschulische Mediennutzung der Schülerinnen und Schüler.

Das Interesse der Schülerinnen und Schüler, eigene Geschichten zu schreiben, liegt nach dem Urteil der meisten Lehrpersonen im mittleren Bereich.

(5) In 79% der unterrichteten Klassen gibt es eine *Klassenbücherei*. Sie hat mehrheitlich einen Umfang von 20–40 Büchern. Am häufigsten sind Kinderbücher, Sachbücher und Bilderbücher vorhanden. Die Beschaffung der Bücher erfolgt hauptsächlich durch Kauf. Häufig kommen auch Leihgaben oder Geschenke vor.

Die Klassenbücherei wird schwerpunktmäßig durch Ausleihe und durch Einbezug in die freie Arbeit genutzt.

Für 44% der Lehrpersonen ist die Situation in der Klassenbücherei zufriedenstellend oder sehr zufriedenstellend, für 34% ist sie nicht zufriedenstellend.

(6) Bezogen auf die Zusammenarbeit mit *externen Bibliotheken,* geben etwa 70% der Lehrpersonen den Kindern ausdrückliche Anregungen zur Ausleihe. 40% haben in den letzten beiden Jahren mit ihren Klassen eine externe Bibliothek besucht. Blockausleihen für die Schulen haben allerdings relativ selten stattgefunden. 38% der Lehrpersonen beurteilen die Zusammenarbeit mit externen Bibliotheken als zufriedenstellend oder sehr zufriedenstellend, 28% nennen sie nicht zufriedenstellend.

(7) Vor dem Hintergrund der in den Punkten (1) bis (6) beschriebenen Ausgangssituation halten die weitaus meisten Lehrpersonen (70–94%) die für die Fortbildung vorgesehenen Inhaltsbereiche für wichtig oder sehr wichtig. Eine Ausnahme liegt allerdings beim Inhaltsbereich »Lese- und Texttheorien« vor. Diesen Inhaltsbereich halten nur 43% für wichtig oder sehr wichtig. Eine starke Zustimmung finden die meisten der vorgesehenen Arbeitsformen, wobei der Erfahrungsaustausch sowie praktische Erprobungen und Gestaltungen als besonders wichtig angesehen werden.

Bei den Erwartungen dominieren inhaltliche und methodische Anregungen für den Unterricht und neue Erkenntnisse zum Lesen in der Grundschule.

Insgesamt zeigt die zusammenfassende Darstellung der Ausgangssituation, daß es neben einer Reihe wichtiger Aktivitäten zur Leseförderung in den Klassen und Schulen sowie bei der Zusammenarbeit mit externen Bibliotheken verschiedene Schwachpunkte gibt, deren Verbesserung ein sinnvolles Ziel der Lehrerfortbildungsmaßnahme ist. Darüber hinaus wird die Maßnahme durch das große Interesse der Lehrpersonen und ihre Bereitschaft gerechtfertigt, ihre Kenntnisse und Fähigkeiten in verschiedenen Bereichen der Leseförderung zu verbessern. Dieses Interesse und diese Bereitschaft stellen zugleich eine erfolgversprechende Voraussetzung für die Maßnahme dar.

Auf der Basis der schriftlichen Befragung zum Ende des Schuljahres 1988/89 stellt sich die Situation am *Schluß der Fortbildungsmaßnahme* zusammenfassend folgendermaßen dar:

(1) Die Teilnehmerinnen und Teilnehmer schätzen ihre *Kenntnisse* zu den einzelnen Inhaltsbereichen der Fortbildungsmaßnahme signifikant besser ein als bei der Eingangsbefragung. Es sind deutliche Verschiebungen von geringen zu mittleren und von mittleren zu umfassenden Kenntnissen festzustellen. Allein im Inhaltsbereich »klassenübergreifende Projekte mit Texten« do-

miniert mit 50% noch das Urteil »geringe Kenntnisse« (trotz erheblichem Rückgang der »gering«-Urteile).

Bedeutsame Urteilsverbesserungen zeigen sich auch bei der Einschätzung des *Kenntnisstandes zu Kinderbüchern.* Zwei Drittel der Teilnehmerinnen und Teilnehmer sagen jetzt, daß sie sich gut auskennen (gegenüber einem Drittel in der Eingangsbefragung). Hinzu kommen 6%, die sich sehr gut auskennen, wobei allerdings noch 29% meinen, sich nur etwas auszukennen.

Positiv fällt auch die Antwort auf die Frage aus, wieviel die Teilnehmerinnen und Teilnehmer im Hinblick auf die *unterrichtliche Umsetzung* verschiedener Zielvorstellungen zur Leseförderung dazugelernt haben. Der weitaus größte Teil der Lehrpersonen (71%–88%) gibt an, daß er eher viel oder viel dazugelernt hat.

Außerdem wird als vermutlicher Effekt der Fortbildungsmaßnahme eine Urteilsverschiebung hinsichtlich der *Bedeutung des Lesens* für die Zukunft der Kinder erkennbar. Die Bedeutung des Lesens wird insgesamt signifikant höher eingeschätzt als vor der Fortbildungsmaßnahme.

(2) Bezogen auf die *Situation in den Schulen,* kann zunächst festgestellt werden, daß 67% der Lehrpersonen angeben, im Laufe des Schuljahres viele oder einige Anregungen zu Anschaffungen für die Lehrerbücherei gegeben zu haben. Bei der Schülerbücherei sind es 88%. Dementsprechend scheint sich eine – wenn auch nur leichte – Verbesserung der Ausstattung in der Schule ergeben zu haben. Dennoch wird die Bibliothekssituation in den Schulen auch am Ende des Schuljahres von 56% der Lehrpersonen als »nicht zufriedenstellend« bezeichnet. Zwar urteilen jetzt 18% positiver als in der Eingangsbefragung, dieses wird jedoch durch 15% negativerer Urteile ausgeglichen. Die Gruppe, die negativer urteilt, ist wahrscheinlich aufgrund der Fortbildungsmaßnahme kritischer in ihrem Urteil geworden.

(3) Zur Frage der *Ausstrahlung der Maßnahme* auf die Schulen sagen 49%, daß die Fortbildung bereits eine Ausstrahlung auf die Schule gehabt habe. So hat z. B. bei 46% der Lehrpersonen die Anregung, das Thema Leseförderung zum Gesprächsthema in der Schule zu machen, Erfolg gehabt. 32% haben Autorenlesungen, 11% innerschulische Vorlese- und Schreibwettbewerbe neben anderen Aktivitäten neu angeregt. In einigen Schulen sind die Anregungen in die Planung übernommen und zum Teil schon realisiert worden.

(4) Im *Unterricht* haben im Schuljahr der Fortbildungsmaßnahme 84% der Lehrpersonen Kinderbücher verwendet. Dieses entspricht etwa dem Prozentsatz, der auch vor der Maßnahme er-

reicht wurde. Ob sich Häufigkeit und Qualität der Verwendung geändert haben, läßt sich aus den Befragungsergebnissen nicht direkt erschließen. Ähnliches gilt für die Herstellung von Bezügen zum Lesen in der Freizeit.

Aufgrund des Antwortspektrums insgesamt sowie aus freien Anmerkungen läßt sich allerdings vermuten, daß sowohl bei der Verwendung von Kinderbüchern im Unterricht als auch bei der Herstellung von Bezügen zum Lesen in der Freizeit Anregungen aus der Fortbildungsmaßnahme zum Tragen gekommen sind. In diesem Zusammenhang ist noch interessant, daß die Lehrpersonen am Ende des Schuljahres das Interesse der Kinder, eigene Geschichten zu schreiben, signifikant höher einschätzen als zum Beginn.

(5) Bei der Frage nach einer *Klassenbücherei* geben jetzt 83% der Lehrpersonen an, daß eine solche vorhanden sei (gegenüber 79% in der Eingangsbefragung). Im Hinblick auf die Ausstattung, auf die räumliche Gestaltung und auf die Nutzungsformen zeichnen sich zum Teil kleinere, zum Teil größere Verbesserungen ab. Bei den Nutzungsformen haben besonders der Einbezug in den sonstigen Unterricht und in die Freie Arbeit sowie die Ausleihe für außerschulisches Lesen zugenommen.

Allerdings hält immer noch ca. ein Drittel der Lehrpersonen die Situation der Klassenbücherei für nicht zufriedenstellend.

(6) In Bezug auf die *Zusammenarbeit mit externen Bibliotheken* ergeben sich bei den verschiedenen Aspekten der Zusammenarbeit teils signifikante, teils leichte, aber nicht signifikante Verbesserungen. Positiv haben sich vor allem die Blockausleihen, der Bibliotheksbesuch und die Anregungen zur Ausleihe von Büchern für Schülerinnen und Schüler entwickelt. Für die Zusammenarbeit ist die räumliche Nähe bzw. Entfernung ein wichtiger Faktor. Bei näherliegenden Bibliotheken ist die Zusammenarbeit erwartungsgemäß besser.

Insgesamt ist auch bei der Zusammenarbeit mit externen Bibliotheken das Urteil relativ zurückhaltend. Zwar bezeichnen 51% der Lehrpersonen die Zusammenarbeit als zufriedenstellend oder sehr zufriedenstellend, für 37% ist sie jedoch (noch) nicht zufriedenstellend.

(7) Für das *Gesamturteil* zur Lehrerfortbildungsmaßnahme ist zunächst kennzeichnend, daß der weitaus größte Teil der Lehrpersonen (70–80%) seine verschiedenen Erwartungen als weitgehend oder voll erfüllt ansieht. Eine Ausnahme liegt nur in bezug auf »unmittelbar umsetzbare Unterrichtsentwürfe« vor. Aller-

dings war dieser Punkt in der Eingangsbefragung auch am wenigsten als Erwartung betont worden.

Sehr positive Urteile zeigen sich bei der Zufriedenheit mit verschiedenen Aspekten der Fortbildung. Mit den räumlichen Bedingungen, der Reihenfolge der Arbeitseinheiten, den Teilnehmermaterialien, den Inhalten und Methoden der Fortbildung, der Verwendung technischer Medien und dem Arbeitsklima ist der weitaus größte Teil (82–97%) eher zufrieden oder sehr zufrieden.

Ebenfalls gibt es eine deutliche mehrheitliche Zustimmung zur Dauer der Fortbildungsmaßnahme (62%), zur zeitlichen Organisation (88%), zur Stundenbefreiung (77%) und zur Anzahl und Dauer der Kompaktveranstaltungen (73%/84%).

Die relativ breite Zustimmung schließt Kritik in einigen Fällen allerdings nicht aus. So sagt ein immerhin beachtlicher Prozentsatz der Lehrpersonen, die Maßnahme sei zu kurz (15%) oder zu lang (21%) gewesen. 19% halten die Stundenbefreiung für zu gering und für 21% war die Zahl der Kompaktveranstaltungen zu klein.

Dennoch – die insgesamt positive Einschätzung zeigt sich auch daran, daß 69% ihren Zeitaufwand im Verhältnis zum persönlichen Lerngewinn als gering oder angemessen bezeichnen. 82% würden Kolleginnen und Kollegen die Teilnahme an einer zukünftigen Lehrerfortbildungsveranstaltung dieser Art empfehlen. Als besonders wichtige Bedingung für eine positive Einschätzung der Maßnahme haben sich die Arbeitsformen erwiesen. Hinreichende Möglichkeiten zum Erfahrungsaustausch, zur Kleingruppenarbeit, zur Vorstellung eigener Ergebnisse im Plenum, zur Diskussion, zur praktischen Gestaltung und Erprobung sowie zur Kontaktaufnahme mit Kinderbuchautoren sind häufig mit positiven Einschätzungen des Lernerfolgs und der Maßnahme insgesamt verbunden.

Wichtig ist schließlich, daß zustimmende und zurückhaltende Urteile in der Regel nicht gleichmäßig über die Gruppen verteilt sind. Sie konzentrieren sich zum Teil auf einzelne Gruppen, so daß die Bedingungen und Arbeitsformen dort das Urteil prägen.

Aufgrund der oben beschriebenen Ergebnisse kann die Maßnahme ohne Zweifel als Erfolg gewertet werden. Die Lernerfolge sowie die breite Zustimmung bzw. Zufriedenheit der Teilnehmerinnen und Teilnehmer stellen der Maßnahme ein gutes Zeugnis aus.

Die insgesamt positive Bilanz sollte jedoch nicht darüber hinwegtäuschen, daß bei einzelnen Punkten Verbesserungen der Situation,

der Rahmenbedingungen und der Maßnahme notwendig und sinnvoll erscheinen. Dazu enthalten die folgenden Abschnitte mit der de-
taillierteren Darstellung der Evaluationsergebnisse eine Reihe von
Hinweisen. Zwei Punkte sollen in dieser Zusammenfassung abschließend hervorgehoben werden:

(1) Es sollte überlegt werden, wie die ausstattungsbezogenen, personalen, räumlichen und organisatorischen Bedingungen für
Lehrer-, Schüler-, und Klassenbüchereien verbessert werden
können. In diese Überlegungen ist auch die Zusammenarbeit
mit externen Bibliotheken einzubeziehen.

(2) In allen Gruppen sollten Rahmenbedingungen geschaffen
werden, die es erlauben, sich über die Organisation, die Inhalte
und die Arbeitsformen der Maßnahme so zu verständigen, daß
für möglichst viele Teilnehmerinnen und Teilnehmer ein hoher
Lerngewinn und große Zufriedenheit erreicht werden können.

Eine Beachtung dieser Aspekte könnte weitere Maßnahmen noch
wirkungsvoller machen als die erste Durchführung – wobei allerdings noch einmal betont werden soll, daß diese bereits auf der Basis
der vielen positiven Rückmeldungen als sehr erfolgreich bewertet
werden kann.

1. Fragestellungen für die Evaluation

Die Evaluation zum Fortbildungsprojekt »Lesen in der Grundschule« ging von folgenden – zunächst globalen – Leitfragen aus:

(A) Wie stellt sich die *Ausgangssituation* für die Fortbildungsmaßnahme dar, insbesondere im Hinblick auf die *teilnehmenden Lehrpersonen, auf ihre Schulen und Klassen* sowie auf die Zusammenarbeit mit *externen Bibliotheken?*

(B) Welche *Einflüsse, Veränderungen und Bewertungen* lassen sich zum *Ende der Fortbildungsmaßnahme* feststellen?

(C) Welche *Auswirkungen und Bewertungen* zeigen sich nach dem der Fortbildung *folgenden Schuljahr?*

Wie in der Vorbemerkung erwähnt, werden in diesem Bericht nur die Ergebnisse zu den ersten beiden Leitfragen dargestellt. Die Ergebnisse zur dritten Leitfrage stehen noch aus.

Für die Darstellung lassen sich die obigen Leitfragen wie folgt ausdifferenzieren:

(1) Welche *Lehrpersonen* nehmen an der Fortbildungsmaßnahme teil? Welche Voraussetzungen bringen sie mit?

(2) Wie schätzen die Lehrpersonen die *Inhalte* und *Arbeitsformen* der Fortbildungsmaßnahme ein?

(3) Wie beurteilen die Lehrpersonen ihren *Kenntnisstand* und ihren *Lerngewinn?*

(4) Wie stellt sich die Situation in den *Schulen* der teilnehmenden Lehrpersonen dar, insbesondere bezogen auf Schüler- und Lehrerbüchereien sowie auf Aktivitäten zur Leseförderung?

(5) Wie läßt sich die »Lese-Situation« in den *Klassen und im Unterricht* der teilnehmenden Lehrpersonen kennzeichnen? Führt die Fortbildung zu Veränderungen?

(6) Wie stellt sich die *Zusammenarbeit* der teilnehmenden Lehrpersonen *mit externen Bibliotheken* dar? Fördert die Fortbildung die Zusammenarbeit?

(7) Wie wird die *Fortbildungsmaßnahme* insgesamt beurteilt? Welche Verbesserungsmöglichkeiten lassen sich nennen?

Im Abschnitt 3 werden die Ergebnisse zu diesen Fragestellungen dargestellt. Vorher sollen die Untersuchungstechniken, die jeweiligen Stichproben und der Untersuchungsablauf kurz beschrieben werden.

2. Untersuchungsablauf, Untersuchungsinstrumente und Stichproben

Die Untersuchung zum Lehrerfortbildungsprojekt »Lesen in der Grundschule« wurde – bisher – in folgenden Schritten durchgeführt:

(1) Schriftliche *Eingangsbefragung* der teilnehmenden Lehrpersonen zu Beginn der Fortbildungsmaßnahme im August/September 1988,

(2) Begleitende *Beobachtungen* und mündliche Interviews bei Fortbildungsveranstaltungen im Schuljahr 1988/89,

(3) Schriftliche *Befragung* der teilnehmenden Lehrpersonen zum Ende der Fortbildungsmaßnahme im Mai/Juni 1989.

Zum Abschluß des Schuljahres 1989/90, in dem die teilnehmenden Lehrpersonen – über die direkten Umsetzungen im Fortbildungsjahr hinaus – die erworbenen Kenntnisse und Befähigungen in der Praxis anwenden sollen, ist der bereits erwähnte abschließende Untersuchungsabschnitt geplant:

(4) Durchführung einer schriftlichen *Abschlußbefragung* im Mai/ Juni 1990.

Zu (1): Für die Durchführung der *Eingangsbefragung* wurde in Zusammenarbeit der Arbeitsgruppen an der Universität-Gesamthochschule-Paderborn und am Landesinstitut für Schule und Weiterbildung ein Fragebogen für eine schriftliche Befragung entwickelt. Der Fragebogen enthält Fragen zu folgenden Themenbereichen:

– Erwartungen der Teilnehmerinnen und Teilnehmer zur Lehrerfortbildungsmaßnahme und ihre personalen Voraussetzungen,

– Situation in den Schulen, in denen die teilnehmenden Lehrpersonen tätig sind, im Hinblick auf Einrichtungen und Aktivitäten zur Leseförderung,

– Situation in den unterrichteten Klassen im Zusammenhang mit Fragen der Leseförderung,

– Zusammenarbeit mit externen Bibliotheken.

Der Fragebogen besteht – um die Bearbeitung und Auswertung zu erleichtern – vorwiegend aus Fragen mit vorgegebenen Antwortmöglichkeiten. Dort, wo es sinnvoll schien, sollten die vorgegebenen Antwortmöglichkeiten durch freie Angaben oder freie Kommentare ergänzt werden.

Der Fragebogen wurde für die Befragung über das Landesinstitut für Schule und Weiterbildung an die Moderatorinnen und Moderatoren mit der Bitte weitergeleitet, ihn den Gruppenmitgliedern zur Beantwortung zu übergeben, selbst einen Fragebogen zu bearbeiten und die ausgefüllten Fragebögen geschlossen an die Arbeitsgruppe an der Universität-Gesamthochschule-Paderborn zurückzusenden. Die Auswertung erfolgte anonym.

Aus allen 17 Gruppen kamen die Fragebögen geschlossen zurück. Der Rücklauf umfaßt insgesamt 342 Fragebögen (ohne die von den Moderatorinnen und Moderatoren ausgefüllten Fragebögen). Für die Stichprobe von 342 Lehrpersonen wurde eine Grundauszählung vorgenommen. Wichtige Ergebnisse der Befragung werden im Abschnitt 3 dargestellt.

Zu (2): Ergänzend zu der schriftlichen Befragung wurden von einem Mitglied der Arbeitsgruppe an der Universität-Gesamthochschule-Paderborn drei Fortbildungsveranstaltungen im Sinne *teilnehmender Beobachtung* besucht. Die drei Fortbildungsveranstaltungen waren so ausgewählt worden, daß sie unterschiedliche Arbeitsformen umfaßten, z. B. Autorenlesung, Vorträge durch externe Referenten, Übungen und kreative Umsetzungen durch Teilnehmerinnen und Teilnehmer.

Im Rahmen der besuchten Fortbildungsveranstaltungen wurden mündliche Interviews mit insgesamt 15 Teilnehmerinnen und Teilnehmern durchgeführt. Die Fragen zielten vor allem auf ergänzende und erweiternde Informationen zur schriftlichen Befragung, z. B. zum Arbeitsklima in den Gruppen, zur Zufriedenheit der Teilnehmerinnen und Teilnehmer. Die Ergebnisse werden bei der Ergebnisdarstellung im Abschnitt 3 mitverarbeitet.

Zu (3): Für die *Befragung* zum Ende der Fortbildungsmaßnahme wurde wieder ein schriftlich zu beantwortender Fragebogen von der Arbeitsgruppe an der Universität-Gesamthochschule-Paderborn in Zusammenarbeit mit der Arbeitsgruppe am Landesinstitut für Schule und Weiterbildung entwickelt. Der Fragebogen sollte vor allem aufzeigen,

– wie die Teilnehmerinnen und Teilnehmer die Fortbildungsmaßnahme beurteilen,
– welche Einflüsse in bezug auf einzelne angestrebte Kenntnisse und Fähigkeiten angenommen werden können,
– ob die Maßnahme bereits einen ersten Ausstrahlungseffekt auf die Schulen sowie auf die Situation in den Klassen bzw. im Unterricht gehabt hat,
– ob sich die Zusammenarbeit mit externen Bibliotheken verbessern ließ.

Die Fragebögen wurden – wie bei der Eingangsbefragung – über das Landesinstitut den Moderatorinnen und Moderatoren zugeleitet und nach der Beantwortung geschlossen an die Universität-Gesamthochschule-Paderborn geschickt. Auch diese Befragung wurde anonym durchgeführt.

Der Rücklauf bei der Befragung umfaßte insgesamt 288 ausgefüllte Fragebögen (ohne die von den Moderatorinnen und Moderatoren beantworteten) aus allen 17 Gruppen. Für diese 288 Fragebögen wurde wieder eine Grundauszählung durchgeführt. Wichtige Ergebnisse der Befragung sind im Abschnitt 3 aufgeführt.

Von den 288 Fragebögen der Befragung zum Ende der Fortbildungsmaßnahme wurden 273 Fragebögen von Teilnehmerinnen und Teilnehmern beantwortet, die auch an der Eingangsbefragung beteiligt waren. Dieses bedeutet, daß 69 Teilnehmerinnen und Teilnehmer der Eingangsbefragung den zweiten Fragebogen nicht ausgefüllt haben. Über diese Teilgruppen liegen keine spezifischen Informationen vor. Ein Vergleich der Ergebnisse der Grundauszählung zu den personalen Voraussetzungen auf der Basis der 342 und auf der Basis der 273 ausgefüllten Eingangsfragebogen zeigt nur geringfügige Abweichungen. Insodern ist eine systematische Verzerrung bei den Ergebnissen – bezogen auf die Teilnehmerschaft – nicht zu erwarten.

Allerdings kann die Stichprobe insgesamt nicht als repräsentativ für die Lehrerinnen und Lehrer an Grundschulen in Nordrhein-Westfalen gelten, da es sich aufgrund des Anmeldeverfahrens um eine Gelegenheitsstichprobe handelt (vgl. Abschnitt 3.1.).

Für die folgenden Ergebnisdarstellungen, Vergleiche und Einschätzungen möglicher Veränderungen werden jeweils die Antworten der 273 Teilnehmerinnen und Teilnehmer zugrunde gelegt, von denen beide Fragebogen ausgefüllt vorliegen. Bis auf wenige besonders erwähnte Ausnahmen beziehen sich die Prozentangaben im Abschnitt 3 auf diese Stichprobe. Falls sich die Prozentangaben für die verschiedenen Antwortkategorien nicht zu 100% aufsummieren, liegt das an Auf- bzw. Abrundungen oder daran, daß ein Teil der Lehrpersonen die betreffende Frage nicht beantwortet hat. Um die Tabellen nicht mit Zahlenkolonnen zu überfrachten, ist der Anteil nichtantwortender Lehrpersonen nicht in allen Tabellen gesondert ausgewiesen. Im Bedarfsfall kann er aus den angegebenen Daten erschlossen werden.

Im Rahmen der Auswertung haben wir für verschiedene Variablen, zwischen denen wir Zusammenhänge vermuteten, statistische Prüfungen mit Hilfe des Programmsystems SPSS-X2.1 durchgeführt. Hierbei kamen entweder der Vorzeichentest oder der Chi^2-Test zur Anwendung (vgl. dazu Siegel, S.: Nichtparametrische statistische Methoden. Frankfurt/M. 1976, S. 65 ff., und S. 101 ff.). Ergebnisse solcher statistischer Prüfungen werden im folgenden Text an geeigneter Stelle genannt. Zusammenhänge werden dabei als signifikant bezeichnet, wenn für die Irrtumswahrscheinlichkeit gilt: $\alpha < 5\%$.

3. Ergebnisse der Untersuchung

Im folgenden werden die Ergebnisse aus der schriftlichen Befragung zum Beginn und zum Ende der Fortbildungsmaßnahme sowie aus der teilnehmenden Beobachtung und den mündlichen Interviews dargestellt. Die Gliederung orientiert sich an den im Abschnitt 1 genannten Fragestellungen. Demgemäß werden die Ergebnisse unter inhaltlich relevanten Gesichtspunkten zusammengefaßt, so daß Ergebnisse aus der Befragung zum Beginn und zum Ende der Fortbildungsmaßnahme gegebenenfalls miteinander verglichen werden können. Aus dem Text oder den Tabellenüberschriften geht jeweils hervor, aus welcher Befragung die Daten stammen.

3.1. Teilnehmerinnen und Teilnehmer an der Fortbildungsmaßnahme

In diesem Abschnitt sollen zunächst allgemeine Daten zu der Stichprobe der 273 Lehrpersonen vorgestellt werden. Die beteiligten Lehrpersonen lassen sich aufgrund der Eingangsbefragung durch folgende *allgemeine personale Daten* kennzeichnen:

- Die Teilnehmerschaft gliedert sich bezüglich des Geschlechts in 82% Frauen und 15% Männer. Von den restlichen 3% liegen keine Angaben vor.
- Bezogen auf das Alter, ist die Gruppe der 41–50jährigen (mit 40%) am stärksten vertreten, gefolgt von den 36–40jährigen (mit 32%). Die 30–35jährigen haben in der Stichprobe einen Anteil von 18%, die 51–60jährigen einen Anteil von 6%. Jünger als 30 Jahre waren 1%.
- 71% der teilnehmenden Lehrpersonen haben eigene Kinder.
- Für 84% gilt, daß sie in den letzten fünf Jahren mehr als einmal an einer Lehrerfortbildungsveranstaltung teilgenommen haben. In 8% der Fälle ist dieses einmal und in 5% keinmal der Fall gewesen.

Da zum *Geschlecht und Alter* Vergleichszahlen für die Gesamtzahl der Grundschullehrpersonen in Nordrhein-Westfalen vorliegen, läßt sich folgendes feststellen:

– Die Geschlechterverteilung entspricht in etwa der Gesamtverteilung in Nordrhein-Westfalen. Nach Angaben des Kultusministers sind 82% der Lehrpersonen in Grundschulen Frauen, 18% sind Männer.

– Die Altersverteilung der Teilnehmerschaft weicht von der Gesamtverteilung ab. Zwar sind in unserer Stichprobe die 41–50jährigen etwa angemessen repräsentiert (gesamt: 42%), die Jüngeren sind je-

– 77 –

doch deutlich über- und die Älteren deutlich unterrepräsentiert (Gesamt-Vergleichszahlen für die 30–35jährigen: 11%, für die 36–40jährigen: 25%, für die 50–60jährigen: 19%).

Dieser Vergleich bestätigt die obige Aussage, daß die Stichprobe insgesamt nicht als repräsentativ für die Grundschullehrerschaft in Nordrhein-Westfalen angesehen werden kann. Dieses war auch nicht zu erwarten, da die Teilnehmerschaft – stichprobentheoretisch gesehen – eine Gelegenheitsstichprobe darstellt. Die Zusammensetzung erfolgte nicht nach dem Zufallsprinzip, sondern nach dem Kriterium der Anmeldung für die Lehrerfortbildungsmaßnahme.

Neben den obigen Daten wurden bei der Untersuchung *Vorerfahrungen zum Fach »Sprache«* erfragt. Dabei zeigt sich folgendes:

- 71% der teilnehmenden Lehrpersonen haben im Rahmen des Ersten Staatsexamens eine Prüfung im Fach Deutsch bzw. Sprache abgelegt. Allerdings haben nur 50% in der zweiten Phase der Lehrerausbildung das Fachseminar »Deutsch« bzw. »Sprache« besucht.
- Die Lehrpersonen waren durchschnittlich 13 Jahre lang in der Grundschule und dabei auch im Fach »Sprache« tätig. 93% von ihnen haben in den letzten zwei Jahren das Fach Sprache in mindestens einer Klasse unterrichtet. Für jeweils ca. 90% gilt, daß sie schon einmal das Fach »Sprache« in der ersten, zweiten, dritten oder vierten Klasse unterrichtet haben.
- Mit Fragen der »Förderung von Lesefähigkeit und Lesefreude« haben sich ausdrücklich bereits 76% der teilnehmenden Lehrpersonen beschäftigt, sei es im Rahmen des Studiums, der zweiten Phase der Lehrerausbildung oder einer Fortbildungsveranstaltung, sei es in Form des Selbststudiums. Die häufigsten Nennungen entfallen dabei auf das Selbststudium (43%), gefolgt vom Studium (29%).

Diese Ergebnisse zeigen, daß die Teilnehmerinnen und Teilnehmer in der Regel über langjährige Erfahrungen zum Sprachunterricht in der Grundschule verfügen. Bemerkenswert ist, daß sich drei Viertel von ihnen schon einmal ausdrücklich mit der »Förderung von Lesefähigkeit und Lesefreude« befaßt haben. Wenn dazu auch keine Vergleichszahlen für die gesamte Grundschullehrerschaft bekannt sind, liegt im Zusammenhang mit der Art des Anmeldeverfahrens doch die Vermutung nahe, daß in der Stichprobe der Anteil von Lehrpersonen, die an Fragen der Leseförderung besonders interessiert sind, eher über- als unterrepräsentiert ist. Für diese Vermutung spricht auch, daß der weitaus größte Teil der Lehrpersonen angibt, sich von sich aus für die Teilnahme gemeldet zu haben (88%). Nur 7% sind auf Bitte der Schulleitung zur Teilnahme gekommen, und nur 1% haben sich zur Teilnahme bereit erklärt, weil offenbar niemand anders aus der Schule teilnehmen wollte. Im übrigen verdeutlicht dieses Ergebnis, daß das Fortbildungsangebot offenbar auf großes Interesse bei den Lehrerinnen und Lehrern stieß.

Für die Charakterisierung der Stichprobe ist weiterhin interessant, daß zum Beginn der Fortbildung 48% der Teilnehmerinnen und Teilnehmer einzelne oder mehrere Funktionen an ihrer Schule ausübten. Von den vorgegebenen Funktionen wurden in der Eingangsbefragung am häufigsten genannt: Betreuung der Schülerbücherei (14%), Betreuung der audiovisuellen Medien (9%) und Betreuung der Lehrerbücherei (8%). Im Jahr der Fortbildung wurde am häufigsten die Betreuung der Schülerbücherei neu übernommen (7%). In den Funktionen »Schulleitung« und »Stellvertretende Schulleitung« waren zum Beginn der Fortbildung zusammen 12% tätig, am Ende waren es zwischen 16% und 18%. Diese Zahlen sind nicht zuletzt deshalb wichtig, weil von dieser Teilnehmergruppe am ehesten Ausstrahlungen der Fortbildungsmaßnahme auf die Schulsituation zu erwarten sind (vgl. dazu Abschnitt 3.4.4.).

3.2. Inhalte und Arbeitsformen der Fortbildungsmaßnahme

Die Fortbildungsmaßnahme zum Lesen in der Grundschule erstreckte sich über das gesamte Schuljahr 1988/89. Insgesamt waren 20 Fortbildungseinheiten von je 5 Stunden in vierzehntägigem Rhythmus vorgesehen. In der Regel wurden in den Gruppen zwei Fortbildungseinheiten zu zweitägigen Kompaktveranstaltungen erweitert (vgl. dazu auch Abschnitt 3.7.).

Die *Inhalte* der Fortbildungsmaßnahme sind in der Tabelle 1 mit den Einschätzungen der teilnehmenden Lehrpersonen hinsichtlich Wichtigkeit und Umfang der Behandlung dargestellt.

In Tabelle 1 wird deutlich, daß die Inhaltsbereiche »Verfahren zum kreativen Umgang mit Texten«, »Methoden der Texterschließung« sowie »Klassen- und Schulbibliothek« als besonders wichtig angesehen wurden. Der Umfang der Behandlung war für die Inhaltsbereiche »klassenübergreifende Projekte mit Texten«, »Zusammenarbeit mit externen Bibliotheken« sowie »Analyse des Lesestandes und der Leseinteressen von Kindern« am geringsten. So ist es nicht verwunderlich, daß zwei dieser Inhaltsbereiche, »klassenübergreifende Projekte« und »Analyse des Lesestandes und der Leseinteressen«, nach dem Urteil der Lehrpersonen relativ häufig »zu wenig« behandelt wurden.

Insgesamt zeigt Tabelle 1 allerdings eine breite Zustimmung zu den Inhalten und dem Umfang ihrer Behandlung.

Tabelle 1: **Erwartete Wichtigkeit verschiedener Inhaltsbereiche** bei der Eingangsbefragung, **Umfang der Bearbeitung** und dessen **Angemessenheit** im Urteil der Lehrpersonen zum Ende der Fortbildung, Angaben in % (n = 273)

Inhaltsbereiche	Beginn: erwartete Wichtigkeit[1]			Ende: Umfang der Behandlung[2]				Beurteilung des Umfangs[3]		
	1	2	3	1	2	3	4	1	2	3
Methoden der Texterschließung	0[4]	6	92	1	16	44	37	8	85	4
Verfahren zum kreativen Umgang mit Texten	0	4	94	0	9	38	51	9	83	6
Möglichkeiten der Textproduktion	2	8	87	–	12	43	43	8	82	7
Klassenübergreifende Projekte mit Texten	4	23	70	25	48	18	5	40	50	2
Klassen- und Schulbibliothek	–[5]	7	91	2	25	45	26	12	78	7
Zusammenarbeit mit externen Bibliotheken	6	16	76	14	32	34	18	13	76	5
Textbewertung und Textauswahl für den Unterricht	4	17	77	3	22	52	21	16	78	4
Analyse des Lesestandes und der Leseinteressen von Kindern	2	9	87	10	32	43	13	29	66	3
Lese- und Texttheorien	23	32	43	9	40	41	8	17	72	6

[1] Bei »erwartete Wichtigkeit« bedeuten:
   1 → überhaupt nicht oder weniger wichtig
   2 → in mittlerer Weise wichtig
   3 → wichtig oder sehr wichtig.

[2] Bei »Umfang der Behandlung« bedeuten:
   1 → gar nicht behandelt
   2 → im Ansatz behandelt
   3 → ausführlicher behandelt
   4 → sehr umfassend behandelt.

[3] Bei »Beurteilung des Umfangs« bedeuten:
   1 → zu wenig behandelt
   2 → angemessen behandelt
   3 → zu umfangreich behandelt.

[4] Eine 0 bedeutet hier und im folgenden, daß die Häufigkeit unter 0,5 liegt und abgerundet wurde.

[5] Ein – bedeutet, daß bei dieser Kategorie keine Nennung vorliegt.

Tabelle 2 gibt Auskunft über die Einschätzung der *Arbeitsformen* durch die Lehrpersonen.

Zu Beginn wurden der Erfahrungsaustausch und praktische Erprobungen bzw. Gestaltungen zu einzelnen Themen am häufigsten als besonders wichtig angesehen. Erkundungen in anderen Schulen und in externen Bibliotheken wurden demgegenüber weniger häufig als wichtig bezeichnet. Damit korrespondiert, daß diese Arbeitsformen etwa in der Hälfte der Fälle gar nicht verwendet wurden. Aller-

Tabelle 2: **Erwartete Wichtigkeit verschiedener Arbeitsformen** bei der Eingangsbefragung, **Umfang der Verwendung** und dessen **Beurteilung** durch die Lehrpersonen zum Ende der Fortbildung, Angaben in % (n = 273)

Arbeitsformen	Beginn: erwartete Wichtigkeit[1]			Ende: Umfang der Verwendung[2]			Beurteilung des Umfangs[3]		
	1	2	3	1	2	3	1	2	3
Kleingruppenarbeit	6	21	72	1	21	77	5	77	13
Informationsvermittlung	5	20	72	2	41	54	8	78	7
selbständige Bearbeitung einzelner Materialien	15	31	52	6	56	37	10	81	4
Diskussion im Plenum	6	13	79	0	29	69	4	85	6
Vorstellen vor Arbeitsergebnissen im Plenum	4	11	73	1	25	72	5	85	5
Erfahrungsaustausch	1	5	92	0	29	69	9	84	3
praktische Erprobungen bzw. Gestaltungen zu einzelnen Themen	2	9	85	7	51	40	21	71	2
Erkundungen in anderen Schulen	19	33	46	50	47	2	47	42	2
Erkundungen in externen Bibliotheken	17	31	50	45	48	6	34	55	2
Kontaktaufnahmen mit Kinderbuchautoren/Lesungen	4	12	82	3	71	25	16	77	3

[1] Bei »erwartete Wichtigkeit« bedeuten:
1 → überhaupt nicht oder weniger wichtig
2 → in mittlerer Weise wichtig
3 → wichtig oder sehr wichtig

[2] Bei »Umfang der Verwendung« bedeuten:
1 → gar nicht
2 → gelegentlich
3 → häufig

[3] Bei »Beurteilung des Umfangs« bedeuten:
1 → zu selten
2 → in der Häufigkeit angemessen
3 → zu häufig

dings wird bei der Beurteilung des Umfangs dann relativ häufig gesagt, daß diese Arbeitsformen zu selten eingesetzt worden seien. Dieses Ergebnis läßt darauf schließen, daß einigen Lehrpersonen die Bedeutung dieser Arbeitsformen erst im Laufe der Fortbildung bewußt wurde.

Insgesamt zeigt Tabelle 2, daß die Lehrpersonen auch den Arbeitsformen und dem Umfang ihrer Verwendung weitgehend zustimmen. Diesen Punkt abschließend, sollen noch die Erwartungen an die Moderatorinnen und Moderatoren bzw. die Einschätzung verschiedener Moderationsfunktionen in der Tabelle 3 dargestellt werden.

Interessant an Tabelle 3 ist unter anderem, daß die Informationsvermittlung zum Anfang besonders hoch und die Beratung in bezug auf die eigene schulische Situation auffallend gering eingeschätzt wird. Zum Ende gilt das Herstellen einer guten Gruppenatmosphäre als besonders wichtig und die Beratung nach wie vor als weniger wichtig.

Tabelle 3: **Erwarteter Stellenwert für verschiedene Funktionen der Moderation** bei der Eingangsbefragung und **Einschätzung** zum Ende der Fortbildung durch die Lehrpersonen, Angaben in % (n = 273)

Funktionen	Beginn: Erwartung zum Stellenwert[1]			Ende: Einschätzung des Stellenwerts[2]		
	1	2	3	1	2	3
Informationsvermittlung	2	9	86	9	19	68
Anregungen für Kleingruppenarbeit	10	21	65	14	24	59
Anregungen für das Selbststudium	12	27	56	19	36	40
Diskussionsleitung	15	17	64	16	20	60
Beratung in bezug auf die eigene schulische Situation	40	26	31	45	29	23
Organisation der gemeinsamen Arbeit	3	12	82	10	22	67
Herstellen einer guten Gesamtatmosphäre	6	17	74	8	15	75
Unterstützung bei Umsetzungen in die eigene Praxis	20	22	55	29	32	36

[1] Bei »erwarteter Stellenwert« bedeuten:
1 → überhaupt nicht oder weniger wichtig
2 → in mittlerer Weise wichtig
3 → wichtig oder sehr wichtig

[2] Bei »Einschätzung« bedeuten:
1 → war überhaupt nicht oder weniger wichtig
2 → war in mittlerer Weise wichtig
3 → war wichtig oder sehr wichtig

3.3. Vorkenntnisse und Lerngewinn

Die teilnehmenden Lehrpersonen wurden in der Befragung zum Beginn und zum Ende der Fortbildungsmaßnahme gebeten anzugeben, wie sie ihren Kenntnisstand zu verschiedenen Inhaltsbereichen der Leseförderung einschätzen. Das Ergebnis dieser Einschätzung ist in Abbildung 1 wiedergegeben.

In Abbildung 1 wird eine deutliche Verschiebung in den Einschätzungen erkennbar. Die Teilnehmerinnen und Teilnehmer schätzen ihre Kenntnisse am Ende der Maßnahme wesentlich positiver ein. Zu allen Inhaltsbereichen der Abbildung 1 ergibt die statistische Prüfung mit Hilfe des Vorzeichentests, daß die Urteilsveränderungen signifikant zum Positiven ausfallen.

Bei dem Versuch aufzuzeigen, welche Bedingungen für eine bessere Einschätzung der Kenntnisse am Ende der Fortbildungsmaßnahme bedeutsam sind, erweist sich folgendes als wichtig:

- Eine bessere Einschätzung der Kenntnisse ist eher wahrscheinlich, wenn der Umfang der Behandlung des jeweiligen Inhaltsbereiches als »ausführlicher« oder »sehr umfassend« bezeichnet wird. Alle diesbezüglichen statistischen Prüfungen weisen signifikante Zusammenhänge aus.
- Bezogen auf den Umfang der in der Fortbildungsmaßnahme verwendeten Arbeitsformen gibt es keine durchgängig erkennbaren Zusammenhänge. Es deutet sich allerdings an, daß bei einzelnen Arbeitsformen eine häufige Verwendung mit einer besseren Einschätzung der Kenntnisse zu einzelnen Inhaltsbereichen verbunden ist. Dies gilt z. B. für die Kleingruppenarbeit und die Vorstellung von eigenen Arbeitsergebnissen im Plenum.
- Im Hinblick auf Unterschiede zwischen den 17 teilnehmenden Gruppen ist erkennbar, daß sich die besseren Kenntniseinschätzungen zum Teil ungleichmäßig verteilen. Allerdings ist eine eindeutige statistische Aussage nicht möglich, da die Erwartungswerte für mehrere Zellen der bedingten Auszählung zu klein sind und die Anwendung des Chi^2-Tests deshalb mit Unsicherheiten behaftet ist.

Neben der Einschätzung der Kenntnisse gemäß Abbildung 1 wurden die Lehrpersonen gebeten, ihre Kenntnisse zum Thema »Kinderbücher« zu beurteilen. Das Ergebnis zeigt Abbildung 2.

Die in Abbildung 2 erkennbaren positiven Urteilsveränderungen erweisen sich bei einer statistischen Prüfung mit dem Vorzeichentests als signifikant.

Interessant ist darüber hinaus, daß Lehrpersonen, die eigene Kinder haben, ihre Kenntnisse zum Thema Kinderbücher in der ersten

Abb. 1: **Einschätzung der Kenntnisse zu Inhaltsbereichen der Fortbildung** zum Beginn und zum Ende der Fortbildung durch die Lehrpersonen, Angaben in % (n = 273)

Abb. 1.1: Einschätzung der Kenntnisse zu »Methoden der Texterschließung«

Abb. 1.2: Einschätzung der Kenntnisse zu »Verfahren zum kreativen Umgang mit Texten«

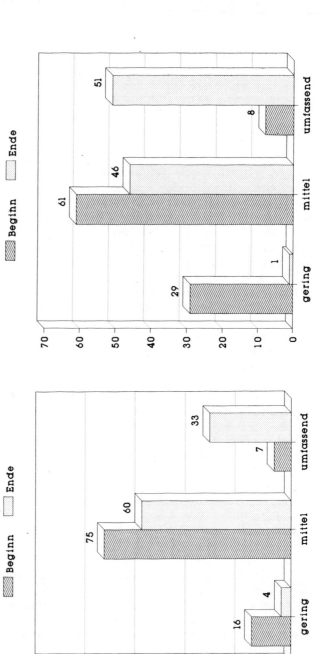

Abb. 1.3: Einschätzung der Kenntnisse zu »Möglichkeiten der Textproduktion«

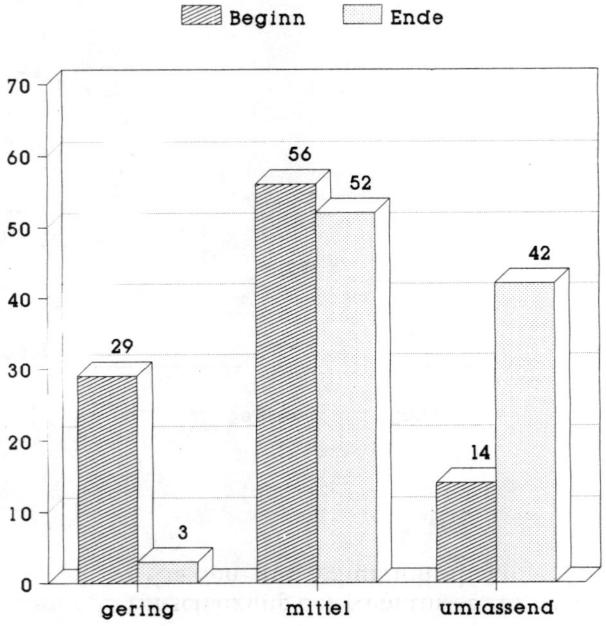

Abb. 1.4: Einschätzung der Kenntnisse zu »Klassenübergreifenden Projekten mit Texten«

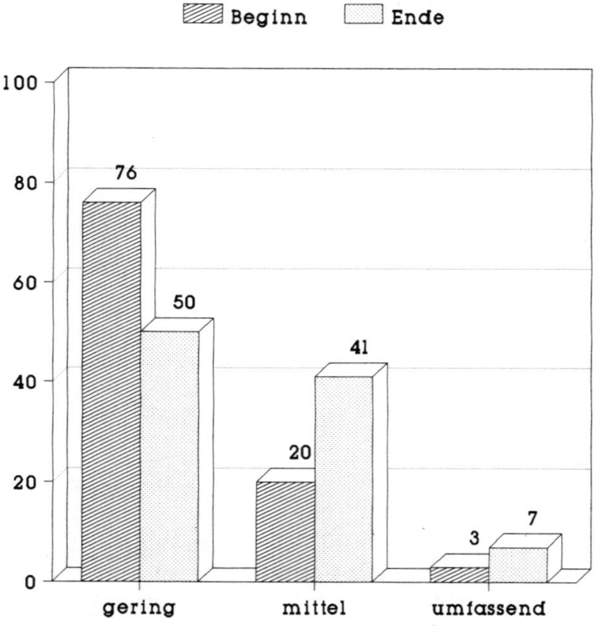

Abb. 1.5: Einschätzung der Kenntnisse zur
»Klassen- und Schulbibliothek«

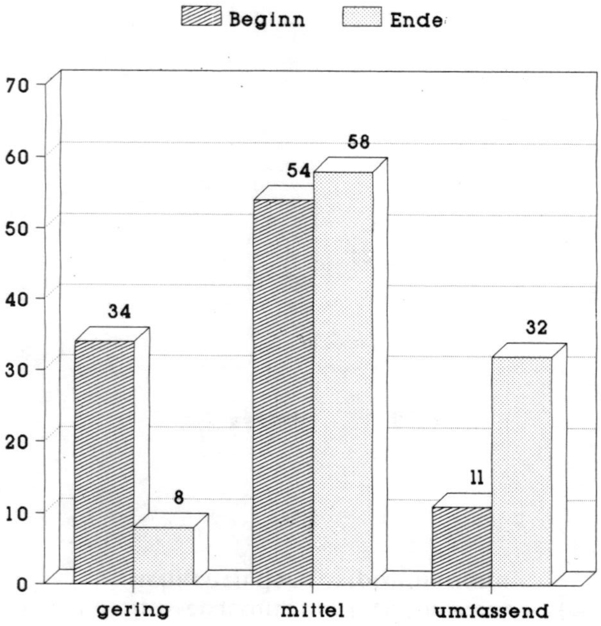

Abb. 1.6: Einschätzung der Kenntnisse zur
»Zusammenarbeit mit externen Bibliotheken«

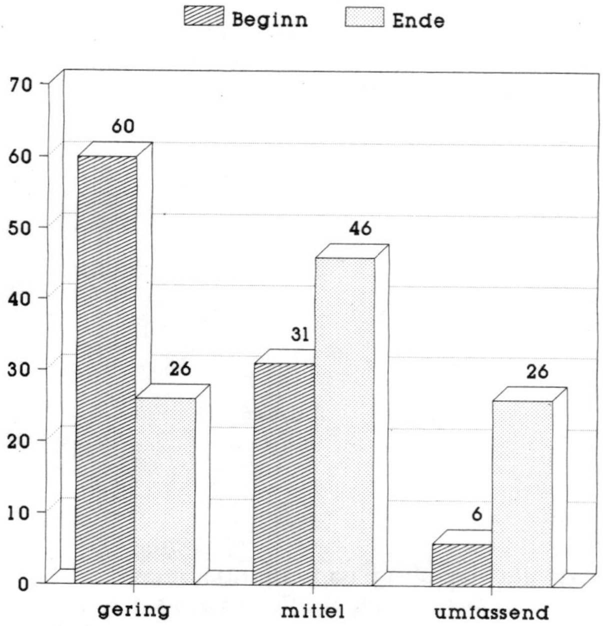

Abb. 1.7: Einschätzung der Kenntnisse zur »Textbewertung und Textauswahl«

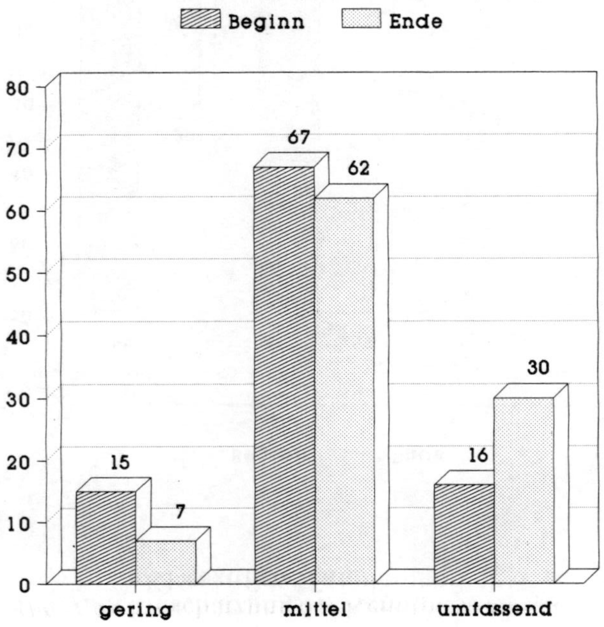

Abb. 1.8: Einschätzung der Kenntnisse zur »Analyse des Lesestandes und der Leseinteressen von Kindern«

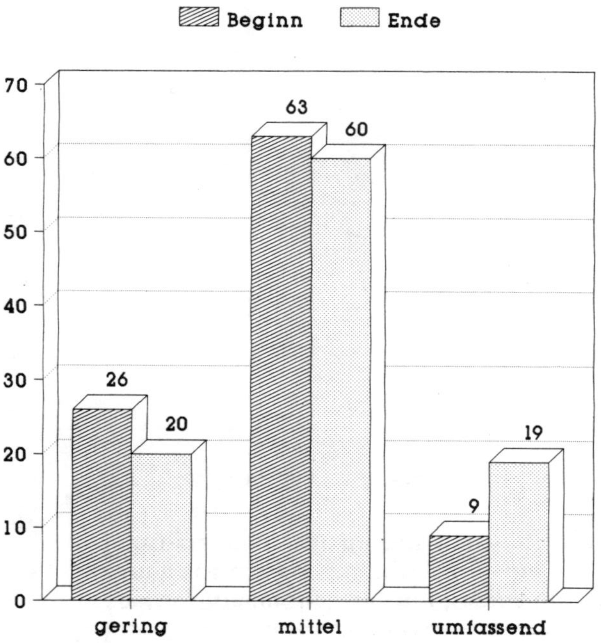

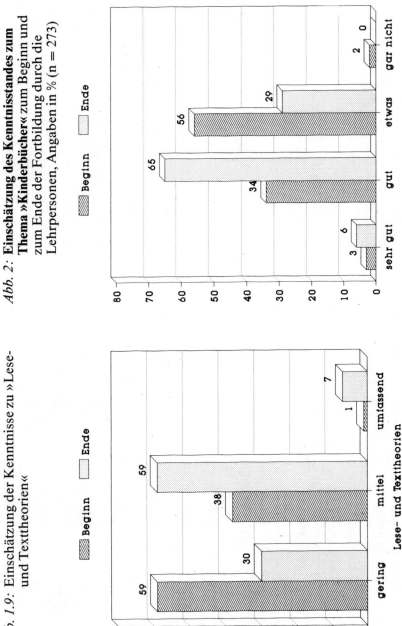

Abb. 1.9: Einschätzung der Kenntnisse zu »Lese- und Texttheorien«

Abb. 2: Einschätzung des Kenntnisstandes zum Thema »Kinderbücher« zum Beginn und zum Ende der Fortbildung durch die Lehrpersonen, Angaben in % (n = 273)

Befragung in signifikanter Weise besser einschätzten als Lehrpersonen, die keine Kinder haben. Bei der Befragung zum Ende der Fortbildung sind die Unterschiede statistisch nicht mehr bedeutsam.

Ergänzend wurden die teilnehmenden Lehrpersonen in der Untersuchung zum Beginn und zum Ende der Fortbildung gefragt, welches Kinderbuch sie einem gut lesenden Drittkläßler empfehlen würden. In der Eingangsbefragung nannten 70% mindestens einen konkreten Buchtitel. Zum Ende waren es 81%.

Die drei am häufigsten genannten Titel in der Eingangsbefragung sind:

- »Pippi Langstrumpf« von A. Lindgren (20mal),
- »Fliegender Stern« von U. Wölfel (18mal)
- »Ronja Räubertochter« von U. Wölfel (13mal).

In der Befragung zum Ende der Fortbildungsmaßnahme wurden die folgenden Titel am häufigsten genannt:

- »Willi Wirsing« von Knister (37mal),
- »Der Reiter des eisernen Drachen« von Knister (15mal),
- »Ein Platz für Katrin« von W. Fährmann (15mal).

Die erkennbare Umorientierung läßt sich darauf zurückführen, daß die Lehrpersonen während der Fortbildungsmaßnahme verschiedene Autorinnen und Autoren bzw. Bücher (neu) kennengelernt haben.

Interessant ist weiterhin, ob sich in den Einschätzungen zur Bedeutung des Lesens für die zukünftige Lebenssituation der Kinder Verschiebungen ergeben haben. Abbildung 3 zeigt die Ergebnisse der entsprechenden Frage zum Beginn und zum Ende der Fortbildungsmaßnahme.

Insgesamt ist eine Verschiebung im Hinblick auf eine höhere Bedeutungszuweisung erkennbar. Eine Auszählung bei den Lehrpersonen, die in beiden Befragungen ein Urteil abgegeben haben (n = 257), zeigt, daß in der Befragung zum Ende der Fortbildung 28% die Bedeutung höher und 17% niedriger einschätzen als in der Eingangsbefragung, 55% bleiben bei ihrem Urteil. Die Einschätzungsveränderung ist bei statistischer Prüfung durch den Vorzeichentest signifikant.

In freien Begründungen zur Frage der Bedeutung des Lesens für die zukünftige Lebenssituation der Kinder wird vor allem auf folgendes hingewiesen:

- Lesen vermittle Informationen und fördere in diesem Sinne das Allgemeinwissen,
- Lesen helfe den Kindern, sich ihre Umwelt zu erschließen, es sei wichtig für die Lebens- und Problembewältigung,

- Lesen rege die Phantasie an, es fördere die Kreativität und die gesamte Persönlichkeitsentwicklung,
- Lesen sei notwendig für die Weiterbildung und die spätere berufliche Laufbahn,
- Lesen sei eine sinnvolle Freizeitgestaltung und ein wesentlicher Ausgleich zur Nutzung technischer Medien wie Fernsehen, Video oder Computer.

Außer den oben angeführten Einschätzungen wollten wir erfahren, wie die Lehrerinnen und Lehrer ihren Lernerfolg in bezug auf die unterrichtliche Realisierung verschiedener Ziele zur Leseförderung beurteilen. Das Ergebnis zeigt sich in Tabelle 4.

Insgesamt zeigt Tabelle 4 ein positives Bild. Regelmäßig sagten mehr als zwei Drittel der Lehrpersonen, daß sie – bezogen auf unterrichtliche Umsetzungen – zu den verschiedenen Zielen eher viel oder

Abb. 3: **Einschätzung der Bedeutung des Lesens für die zukünftige Lebenssituation der Kinder** zum Beginn und zum Ende der Fortbildung, Angaben in % (n = 273)

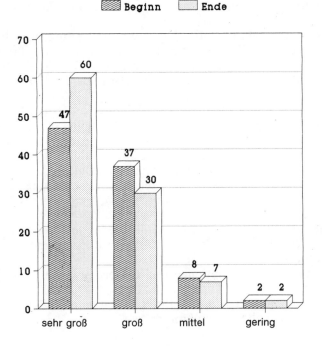

viel dazugelernt haben. Besonders häufig abgegeben wurde dieses Urteil für die Vermittlung der Fähigkeit, mit Texten kreativ umzugehen.

Bezogen auf den Zusammenhang der Erfolgseinschätzung mit anderen Variablen, läßt sich folgendes feststellen:

- Bei positiver Einschätzung des Arbeitsklimas ist die Wahrscheinlichkeit einer positiven Lernerfolgseinschätzung größer. Dieser Zusammenhang ist statistisch signifikant.
- Im Hinblick auf die Vorkenntnisse zeigt sich, daß die Annahme besserer Vorkenntnisse insgesamt mit einer positiveren Beurteilung des Lernerfolgs verbunden ist. Allerdings sind die Ergebnisse – statistisch gesehen – nicht in jedem Falle signifikant bzw. wegen zu geringer Erwartungswerte für einzelne Zellen nicht eindeutig interpretierbar.
- Zwischen den verwendeten Arbeitsformen und der Lernerfolgseinschätzung bestehen zum Teil signifikante Zusammenhänge. Besonders häufig zeigt sich ein positiver Zusammenhang zwischen dem Umfang der Kleingruppenarbeit, der Vorstellung eigener Arbeitsergebnisse und des Erfahrungsaustausches mit der Lernerfolgseinschätzung.
- Im Hinblick auf Unterschiede zwischen den 17 Gruppen, die an der Fortbildungsmaßnahme teilnahmen, deutet sich an, daß sich höhere und geringere Lernerfolgseinschätzungen nicht gleichmäßig über alle Gruppen verteilen. Allerdings läßt die zum Teil zu geringe Zellenbesetzung eine statistisch eindeutige Aussage nicht zu.

Tabelle 4: **Lernerfolgseinschätzung im Hinblick auf die unterrichtliche Umsetzung verschiedener Zielvorstellungen zur Leseförderung** durch die Lehrpersonen,
Angaben in % (n = 273)

Im Hinblick auf die Befähigung, die folgenden Ziele im Unterricht mit den Kindern zu erreichen, haben in der Fortbildung	kaum oder eher wenig dazugelernt	viel oder eher viel dazugelernt
Fähigkeit, Texte selbständig zu erschließen bzw. zu verstehen	27	71
Fähigkeit, mit Texten kreativ umzugehen, z. B. mündliche, klangliche, zeichnerische oder szenische Gestaltung	13	87
Fähigkeit, Texte selbst zu produzieren	22	78
Freude am Lesen	19	79
Freude am kreativen Umgang mit Texten	17	82
Freude an der eigenen Textproduktion	25	74

3.4. Situation in den Schulen

In diesem Abschnitt sollen vor allem schulbezogene Ergebnisse aus unserer Untersuchung dargestellt werden. Dabei ist zu beachten, daß die Daten nicht vollständig unabhängig voneinander sind, da für einen (kleinen) Teil der Antworten gilt, daß mehr als eine Lehrperson Angaben zu derselben Schule gemacht hat. In diesem Zusammenhang ist es wichtig zu wissen, daß 80% der Lehrpersonen angaben, als einzige aus ihrer Schule teilzunehmen, 15% sagten, daß sie zu zweit, und 4%, daß sie zu dritt waren. Aufgrund der Anonymität der Befragung war es nicht möglich, die Daten so zu bereinigen, daß nur jeweils ein Lehrer aus jeder Schule in der Stichprobe enthalten ist. Insofern beziehen sich alle folgenden Prozentangaben auf die Zahl der *Lehrpersonen* (273) und nicht auf die Zahl der beteiligten Schulen.

3.4.1. Merkmale der Schulen

Die *Schulen,* in denen die teilnehmenden Lehrpersonen tätig sind, lassen sich wie folgt kennzeichnen:
- Die Schülerzahl wurde am häufigsten mit 101–200 (38%) angegeben, gefolgt von der Angabe 201–300 (33%). In 4% der Angaben wurde die Schülerzahl auf unter 100 und in 21% auf über 300 geschätzt.
- Der Anteil der Ausländerkinder wurde von etwa zwei Dritteln der Lehrpersonen mit 0 bis 20% angegeben, von etwa einem Drittel mit größer als 20%.
- Die Lehrerzahl liegt hauptsächlich bei 6–10 (37%) oder bei 11–15 (30%). In 5% der Antworten wurden weniger als 6 Lehrpersonen und in 27% der Antworten mehr als 15 Lehrpersonen angegeben.
- Bezogen auf den Einzugsbereich der Schule, dominiert das klein- oder mittelstädtische Einzugsgebiet (38%). In 24% der Antworten wurde ein ländliches Einzugsgebiet, in 20% ein großstädtisches Randgebiet und in 15% ein großstädtisches Ballungsgebiet als Einzugsbereich angegeben.
- Die Bildungsvoraussetzungen der Familien, aus denen die Kinder kommen, wurden schwerpunktmäßig mit »eher mittlere« (51%) oder »eher einfache« (38%) eingeschätzt.
- In ähnlicher Weise gilt für die Einkommensverhältnisse, daß am häufigsten »eher mittlere« (57%) oder »eher niedrige« (33%) angegeben wurden.

Diese Daten zu den Schulen sollen als Hintergrundinformationen zu den folgenden – auf das Lesen in der Grundschule bezogenen – Ergebnissen dienen.

3.4.2. Lehrerbücherei

Im Hinblick auf *Lehrerbüchereien* an den beteiligten Grundschulen sind folgende Ergebnisse der Eingangsbefragung bedeutsam:
- 94% der Lehrpersonen gaben an, daß in ihrer Schule eine Lehrerbücherei vorhanden sei. Die Lehrerbücherei ist in der Regel im Lehrerzimmer untergebracht (74%). Nur nach 17% der Angaben steht für die Lehrerbücherei ein eigener Raum zur Verfügung.
- Auf die Frage, ob in der Lehrerbücherei ein ungestörtes Arbeiten möglich sei, antworteten 55% der Lehrpersonen mit »nein« und nur 38% mit »ja«.
- Die Lehrerbücherei wird in der Regel als Ausleih- und Präsenzbücherei genutzt (71%). Nach 18% der Angaben dient sie nur als Ausleihbücherei und nach 6% nur als Präsenzbücherei.
- Die Betreuung der Lehrerbücherei obliegt hauptsächlich einer damit beauftragten Kollegin bzw. einem Kollegen (68%). Nach 10% der Antworten hat die Schulleiterin oder der Schulleiter die Betreuung übernommen. Nach 3% der Angaben steht dafür eine Sekretärin zur Verfügung.

Insgesamt lassen die Ergebnisse, insbesondere zu räumlichen und organisatorischen Fragen der Lehrerbücherei, vermuten, daß sie im Schulleben der beteiligten Schulen – mindestens zum Beginn der Fortbildungsmaßnahme – eine eher untergeordnete Rolle spielt. In diesem Zusammenhang ist es auch nicht verwunderlich, daß sich die Lehrpersonen mehrheitlich kritisch zur Bibliothekssituation an den Schulen äußern (vgl. dazu Abschnitt 3.2.4.).

3.4.3. Schülerbücherei

Die Situation der *Schülerbüchereien* an den Grundschulen, an denen die teilnehmenden Lehrpersonen tätig sind, läßt sich durch folgende Ergebnisse der Eingangsbefragung charakterisieren:
- Nur 42% der Lehrpersonen gaben an, daß an ihrer Schule eine Schülerbücherei existiert, und nur nach 12% der Angaben ist ein ungestörtes Lesen in der Schülerbücherei möglich.
- Nach 22% der Antworten steht die Schülerbücherei nur zur Ausleihe und nach 17% zur Ausleihe und zur Präsenznutzung zur Verfügung.
- Die Betreuung der Schülerbücherei hat nach 33% der Angaben eine Kollegin bzw. ein Kollege übernommen, nach jeweils 2% der Angaben kommt diese Aufgabe einer Sekretärin, den Eltern oder den Schülern zu, nach 1% der Antworten dem Hausmeister.

- Nur 16% der Lehrpersonen gaben an, daß die Möglichkeit besteht, in der Schülerbücherei einen bücherbezogenen Unterricht durchzuführen.

Die erhobenen Daten lassen auch für die Schülerbücherei vermuten, daß ihr – falls keine besonderen Maßnahmen ergriffen werden – eine eher untergeordnete Rolle im Schulleben zukommt. Nur in wenigen Schulen dürfte sie eine bedeutendere Rolle spielen. Dieser insgesamt unbefriedigende Zustand spiegelt sich – ebenso wie die Situation der Lehrerbücherei – in den kritischen Beurteilungen zur Bibliothekssituation an den Schulen wider (vgl. Abschnitt 3.4.4.).

3.4.4. Ausstattung und Aktivitäten zur Leseförderung

Zur Ausstattung der Schule wurden den Lehrpersonen zunächst zwei Fragen vorgelegt. Über weitere Fragen zur Ausstattung – im Zusammenhang mit der Klassenbücherei – wird im Abschnitt 3.5.2. berichtet.

Die Antwortverteilungen auf die erste der beiden gleichlautenden Fragen in der Befragung zum Beginn und zum Ende der Fortbildung zeigt Tabelle 5.

Auffällig an den Verteilungen zu den Kategorien »Bilderbücher«, »Sachbücher« und »Kinderbücher« ist zunächst, daß der Anteil in den Rubriken »weiß ich nicht« und »keine Aussage« bei der Befragung am Ende zum Teil deutlich abgenommen hat. Dieses läßt die Vermutung zu, daß eine Reihe von Lehrpersonen durch die Fortbildungsmaßnahme für Fragen der Ausstattung der Schule sensibilisiert worden ist und so vorhandene (oder nicht vorhandene) Möglichkeiten erst jetzt wahrnimmt.

Außerdem ist aufgrund der Tabelle 5 anzunehmen, daß eine – wenn auch nur leichte – Verbesserung der Ausstattung stattgefunden hat. Dieses kann als ein Effekt der Lehrerfortbildungsmaßnahme gedeutet werden. Immerhin haben 34% der Lehrpersonen angegeben, daß sie im laufenden Schuljahr viele Anregungen für Anschaffungen in der Schülerbücherei gegeben haben, 54% sprechen von einigen Anregungen. Die vergleichbaren Prozentzahlen für die Lehrerbücherei liegen bei 6% (viele Anregungen) und 61% (einige Anregungen). Im übrigen kann die Verfügbarkeit von Büchern auch durch die Zusammenarbeit mit externen Bibliotheken verbessert worden sein (vgl. Abschnitt 3.6.).

Die zweite Frage zur Ausstattung der Schulen bezog sich auf die audiovisuellen Medien. Tabelle 6 zeigt die Ergebnisse.

Bei dieser Frage sind im Vergleich keine so deutlichen Verschiebungen wie bei der Frage zu den Büchern feststellbar. Dieses läßt die Vermutung zu, daß die Fortbildungsmaßnahme vor allem für Buch- und Lesefragen sensibilisiert haben dürfte.

Abschließend zu den Fragen zur Lehrer- und Schülerbücherei sowie zu Ausstattungsfragen, wurden die Lehrerinnen und Lehrer in der Befragung zum Beginn und zum Ende der Fortbildung gebeten, eine Beurteilung der Bibliothekssituation an ihrer Schule vorzunehmen. Das Ergebnis zeigt Abbildung 4.

Insgesamt läßt sich in Abbildung 4 kaum eine Veränderung der Beur-

Tabelle 5: **Verfügbare Klassensätze (Bücher) an den beteiligten Grundschulen** zum Beginn und zum Ende der Fortbildung nach Angaben der Lehrpersonen, Angaben in % (n = 273)

An der Schule sind Klassensätze verfügbar		ja	nein	weiß ich nicht	keine Aussage
– von Bilderbüchern:	Beginn	13	57	4	26
	Ende	15	67	3	15
– von Sachbüchern:	Beginn	41	38	4	17
	Ende	51	38	1	11
– von Kinderbüchern:	Beginn	59	30	2	9
	Ende	68	27	2	4
– von zusätzlichen Schulbüchern:	Beginn	87	4	1	8
	Ende	85	5	2	8

Tabelle 6: **Verfügbare audiovisuelle Medien an den beteiligten Grundschulen** zum Beginn und zum Ende der Fortbildung nach Angaben der Lehrpersonen, Angaben in % (n = 273)

An der Schule sind verfügbar		ja	nein	weiß ich nicht	keine Aussage
– Diareihen:	Beginn	86	8	2	4
	Ende	88	10	0	3
– Transparentsätze:	Beginn	89	5	1	5
	Ende	87	7	4	3
– Toncassetten/Schallplatten:	Beginn	86	8	1	6
	Ende	89	8	1	3
– Videocassetten:	Beginn	65	23	3	10
	Ende	71	21	4	4

Abb. 4: **Beurteilung der Bibliothekssituation an der Schule** zum Beginn und zum Ende der Fortbildung durch die Lehrpersonen, Angaben in % (n = 273)

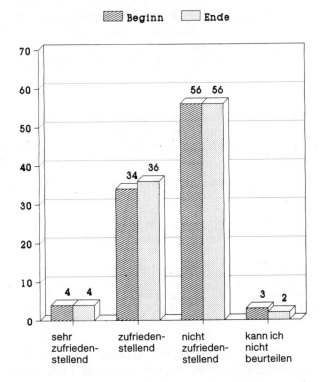

teilungen erkennen. Eine gesonderte Auszählung für die Lehrpersonen, die in beiden Befragungen eine Beurteilung vorgenommen haben (n = 262), ergibt, daß in der Befragung zum Ende der Fortbildung 18% positiver und 15% negativer geurteilt haben als in der Eingangsbefragung, 68% bleiben bei ihrem Urteil. Insgesamt sind die Veränderungen statistisch nicht signifikant.

In ergänzenden Begründungen zur Beurteilung beklagten die Lehrpersonen vor allem folgendes:
– die vorhandenen Bücher seien zu alt bzw. nicht mehr aktuell,
– es ständen zu wenig Mittel für Beschaffungen zur Verfügung,
– die Rahmenbedingungen, z.B. räumliche Unterbringung, Zuständigkeit bzw. Verantwortlichkeit, Ausleihmöglichkeiten, seien ungünstig,

– der Bücherbestand sei nicht ausreichend bzw. vielseitig genug.
Im Rahmen der Fragen zur Schulsituation haben wir über die oben angesprochenen Fragen hinaus in der Eingangsbefragung erkundet, in welchen Zusammenhängen das Thema »Förderung der Lesefähigkeit und Lesefreude« in den letzten beiden Jahren Gesprächsthema war. Dabei ergibt sich nachstehende Rangfolge bei den genannten Anlässen bzw. Gremien: informelle Gespräche (37%), Lehrerkonferenzen (22%), pädagogische Konferenzen (14%), informelle Arbeitskreise (11%), Schulkonferenzen (9%), Schulpflegschaft (9%), Fachkonferenzen (8%). 24% der Lehrpersonen sagten, daß sie bei den entsprechenden Anlässen bzw. in den genannten Gremien das Thema selbst angeregt hätten.

Bei der Befragung zum Ende der Fortbildungsmaßnahme gaben 60% der Lehrpersonen an, daß sie im letzten Jahre das Thema »Leseförderung« für informelle Gespräche oder Konferenzen vorgeschlagen hätten. In 46% der Fälle wurde diese Anregung aufgegriffen.

Diese Ergebnisse zeigen, daß das Thema »Leseförderung« aufgrund der Fortbildung verstärkt in den beteiligten Schulen bedacht wurde.

Schließlich macht Tabelle 7 deutlich, daß im Jahr der Fortbildung

Tabelle 7: **Aktivitäten zur Leseförderung** im Jahr der Fortbildung nach Angaben der Lehrpersonen, Angaben in % (n = 273)

Aktivitäten	1	2	3	4	5[1]
– Schultheater	4	0	5	62	21
– gemeinsamer Theaterbesuch	7	3	3	83	5
– Autorenlesung	32	14	4	25	21
– Schuldruckerei	18	6	1	15	52
– Informationsaustausch mit Partnerschulen	6	1	2	19	66
– Schülerzeitung	7	3	1	20	61
– innerschulische Vorlese- und Schreibwettbewerbe	11	7	2	17	58
– Teilnahme an überschulischen Vorlese- und Schreibwettbewerben	9	5	2	21	56

[1] Es bedeuten:
1 → wurde von der Lehrperson *neu* angeregt
2 → wurde aufgrund der Anregung auch in die Planung aufgenommen
3 → wurde aufgrund der Anregung auch durchgeführt
4 → wurde schon vorher an der Schule realisiert
   und brauchte deshalb nicht angeregt zu werden
5 → gab es bisher an der Schule nicht
   und wurde von den Lehrpersonen auch nicht angeregt

verschiedene Anregungen im Zusammenhang mit Fragen der Leseförderung für die Schule gegeben und zum Teil auch schon aufgegriffen wurden.

Besonders attraktiv für die Lehrpersonen und die Schulen waren offenbar Anregungen zu Autorenlesungen, für eine Schuldruckerei und für innerschulische Vorlese- und Schreibwettbewerbe.

Die obigen Ergebnisse sind auch im Zusammenhang mit den Antworten auf die Frage zu sehen, ob die Fortbildung bereits eine Ausstrahlung auf die Schule bzw. die Arbeit der Kolleginnen und Kollegen gehabt hat. 49% antworteten auf diese Frage mit »ja«, 24% mit »nein«, 25% mit »weiß ich nicht«.

Im Hinblick auf die Frage, ob die Ausstrahlung auf die Schule mit bestimmten Funktionen in der Schule zusammenhängt, ist interessant, daß 66% der Lehrpersonen mit Schulleitungsfunktionen angaben, die Maßnahme habe schon eine Ausstrahlung auf die eigene Schule gehabt, bei den Lehrpersonen ohne Schulleitungsfunktionen sind es nur 47% (n = 267). Eine entsprechende Auszählung für Lehrpersonen mit und ohne Bibliotheksfunktionen ergibt ein Verhältnis von 57% zu 48%. Allerdings erreichen beide Verteilungen keine statistische Signifikanz.

Aus freien Kommentaren geht hervor, daß die Ausstrahlung auf die Schule vor allem folgende Aktivitäten betrifft:
- Einberufung einer pädagogischen Konferenz,
- Weitergabe des Fortbildungsmaterials an Kolleginnen und Kollegen,
- Autorenlesung,
- Ausbau der Schülerbücherei oder der Klassenbücherei,
- Umsetzung von Anregungen für den Unterricht,
- Initiierung von Projekten und Projektwochen.

Bei all diesen Angaben ist zu bedenken, daß ein Schuljahr für die Umsetzung neuer Ideen sehr kurz sein kann. Inwieweit die Anregungen längerfristig wirksam werden bzw. bleiben, soll die Abschlußbefragung am Ende des Schuljahres 1989/90 zeigen.

3.5. Klassensituation und Unterricht

In diesem Abschnitt soll zunächst die Situation der Klassen, in denen die teilnehmenden Lehrpersonen unterrichteten, auf der Basis unserer Untersuchungsergebnisse charakterisiert werden. Danach folgt die Darstellung von Ergebnissen zum Thema »Klassenbücherei«. Abschließend werden einige Gesichtspunkte zum Lesenlernen und zur Leseförderung im Unterricht angeführt.

3.5.1. Merkmale der Klassen

In der Eingangsbefragung gaben 90% der Lehrerinnen und Lehrer an, daß sie im Schuljahr der Fortbildung eine Klasse im Fach Sprache unterrichteten. Dieser Prozentsatz verteilt sich wie folgt auf die einzelnen Klassenstufen:
- 1. Klasse 18%
- 2. Klasse 25%
- 3. Klasse 24%
- 4. Klasse 23%.

29% der Lehrpersonen hatten ihre jeweilige Klasse am Beginn des laufenden Schuljahres neu übernommen, 62% hatten sie schon im letzten Schuljahr unterrichtet. 3% der Lehrpersonen wechselten im Schuljahr der Fortbildung die Klasse, auf die sich die folgenden Angaben aus der Eingangsbefragung beziehen.

Die Tabelle 8 zeigt die »durchschnittliche« Zusammensetzung und Charakteristik der Klassen, in denen die teilnehmenden Lehrpersonen unterrichteten. Für die Berechnung der Durchschnittswerte zur

Tabelle 8: **Durchschnittliche Zusammensetzung der Klassen,** in denen die teilnehmenden Lehrpersonen das Fach »Sprache« unterrichteten

In der Klasse sind im Durchschnitt:	11 Mädchen und 11 Jungen,
davon sind Ausländerkinder:	2 Mädchen und 2 Jungen.
Von diesen Kindern verfügen – in Relation zum Entwicklungsstand bzw. Alter der Kinder – über eine	
– besonders gute Lesefähigkeit	ca. 4 Mädchen und ca. 3 Jungen,
– mittlere Lesefähigkeit	ca. 5 Mädchen und ca. 6 Jungen,
– sehr schwache Lesefähigkeit	ca. 2 Mädchen und ca. 2 Jungen.
Am Lesen in der Schule haben	
– ein besonders großes Interesse	ca. 5 Mädchen und ca. 4 Jungen,
– ein mittleres Interesse	ca. 4 Mädchen und ca. 5 Jungen,
– ein sehr geringes Interesse	ca. 2 Mädchen und ca. 2 Jungen

Lesefähigkeit lagen die Angaben von 85%, für die Berechnung der Durchschnittswerte zum Leseinteresse von 73% der Lehrpersonen zugrunde. Der Rest gab an, daß im Detail keine Beurteilung oder genauen Angaben möglich seien. Dabei ist zu berücksichtigen, daß ein Teil der Lehrpersonen ihre Klasse erst am Beginn des Schuljahres übernommen hatte.

Die Übersicht in Tabelle 8 verdeutlicht, daß in bezug auf die Zusammensetzung, die Lesefähigkeit und das Leseinteresse eine relative Gleichverteilung zwischen Mädchen und Jungen besteht.

Die außerschulische Mediennutzung der Kinder der jeweiligen Klassen wurde von den Lehrpersonen zum Beginn und zum Ende der Fortbildungsmaßnahme so eingeschätzt, wie es Tabelle 9 angibt.

In Tabelle 9 ist zunächst auffällig, daß der Anteil derer, die keine

Tabelle 9: **Einschätzung der außerschulischen Mediennutzung** zum Beginn und zum Ende der Fortbildung durch die Lehrpersonen, Angaben in % (n = 273)

Die Mehrheit der Klasse nutzt außerschulisch		häufig	manch-mal	selten	nie	kann ich nicht be-urteilen	keine Aussage
Comics	Beginn:	26	27	5	0	26	16
	Ende:	41	30	6	0	10	13
Groschen-romane	Beginn:	–	1	3	21	54	22
	Ende:	2	3	7	28	42	19
Kinder-Zeitschriften	Beginn:	9	29	18	2	25	18
	Ende:	16	41	19	4	8	12
Illustrierte	Beginn:	2	12	8	2	58	19
	Ende:	4	21	15	3	42	16
Zeitungen	Beginn:	2	10	12	6	50	20
	Ende:	2	15	27	8	33	17
Kinderbücher	Beginn:	33	31	5	0	16	14
	Ende:	51	32	5	–	2	11
Radio	Beginn:	7	11	15	1	44	21
	Ende:	17	21	14	2	33	15
Toncassetten/Schallplatten	Beginn:	56	11	–	0	19	14
	Ende:	71	11	0	–	6	11
Fernsehen und Video	Beginn:	68	4	–	0	14	14
	Ende:	81	3	–	0	5	11
Computer	Beginn:	2	13	14	4	49	18
	Ende:	10	34	17	2	25	13

Aussagen machen oder sagen »kann ich nicht beurteilen«, in der Regel deutlich zurückgeht. Relativ gesehen am stärksten ist der Rückgang dieser Antwort bei den Kinderbüchern. Diese Tendenzen bleiben auch erhalten, wenn man aus der Auszählung alle Lehrpersonen herausnimmt, die ihre Klasse neu übernommen haben. Insofern läßt sich hier – wie schon vorher bei einzelnen Fragen – feststellen, daß die Maßnahme die Teilnehmerinnen und Teilnehmer für die betreffende Fragestellung sensibilisiert hat. Ein Teil der Lehrpersonen nimmt am Ende der Fortbildung die außerschulische Bücher- bzw. Mediennutzung der Kinder wesentlich bewußter wahr.

Außerdem zeigt Tabelle 9, daß die Häufigkeit der außerschulischen Mediennutzung im Urteil der Lehrpersonen zugenommen hat. Auch diese Tendenz bleibt erhalten, wenn man die Daten nur für diejenigen auswertet, die in der Eingangs- und Endbefragung eine Häufigkeitskategorie angekreuzt haben. Der Häufigkeitsanstieg ist dabei allerdings nicht auf die Printmedien bzw. Lesemedien beschränkt, sondern bezieht sich auf alle Medien. Insofern muß hier kein Effekt der Fortbildungsmaßnahme vorliegen, es kann sich auch um einen Alterseffekt handeln, da die Schülerinnen und Schüler ein Jahr älter geworden sind. Mit zunehmendem Alter dürfte die Nutzung der Printmedien sowie anderer Medien bei den Grundschulkindern im Durchschnitt steigen. Bei den Printmedien mag das an verbesserten Lesefähigkeiten liegen, bei den technisch-audiovisuellen Medien an der Erweiterung des Nutzungsspielraums gegenüber den Eltern.

3.5.2. Klassenbücherei

In der Eingangsbefragung gaben 79% der Lehrpersonen an, daß es für die gegenwärtig von ihnen unterrichtete Klasse eine Klassenbücherei gibt, in der Befragung zum Ende der Fortbildungsmaßnahme waren es 83%.

Die Bücher sind hauptsächlich in Regalen bzw. Schränken zu finden (71%), in 4% der Fälle auf einer Fensterbank und in 8% der Fälle in einer Bücherkiste. In 66% der Klassen gab es zum Ende der Fortbildungsmaßnahme eine Leseecke, zu Anfang war das nur in 50% der Klassen der Fall.

Die Ausstattung der Klassenbücherei zum Anfang und zum Ende der Fortbildungsmaßnahme wird in Tabelle 10 dargestellt. Dabei ist zu beachten, daß in der Eingangsbefragung Angaben von 79% und in der Befragung zum Ende der Fortbildung Angaben von 85% der Lehrpersonen zu diesem Themenkreis vorlagen. Offenbar haben 2% der Lehrpersonen in der Befragung am Ende die Frage nach der

Tabelle 10: **Ausstattung der Klassenbüchereien** zum Beginn und zum Ende der Fortbildungsmaßnahme nach Angaben der Lehrpersonen, Angaben in % (n = 273)

Die Klassenbücherei umfaßt	Beginn	Ende
weniger als 10 Bücher	2	1
ca. 10 – 20 Bücher	14	10
ca. 20 – 40 Bücher	33	31
ca. 40 – 60 Bücher	18	24
ca. 60 – 80 Bücher	7	10
ca. 80 –100 Bücher	3	5
mehr als 100 Bücher	3	5
Die Klassenbücherei enthält	**Beginn**	**Ende**
Nachschlagewerke	51	58
schriftliche Lehr-/Lern-Materialien im engeren Sinne/Schulbücher	37	37
Bilderbücher	60	68
Sachbücher	73	77
Kinderbücher	77	84
Kinderzeitschriften	31	39
Hörcassetten/Schallplatten	2	4
Videocassetten	–	0

Klassenbücherei übersehen, da sie Angaben zur Ausstattung gemacht haben, ohne vorher die Frage nach einer Klassenbücherei mit »ja« beantwortet zu haben.

Insgesamt läßt sich – trotz der kurzen Fristen in einem laufenden Schuljahr – eine leichte Verbesserung der Ausstattung feststellen.

Dabei deutet sich eine leichte Verbesserung der Möglichkeiten des »freien Lesens« an, während der Anteil bei Lehr-Lernmaterialien gleichbleibt.

Zu den Fragen der Beschaffung und der Finanzierung gibt Tabelle 11 Auskunft. Allerdings ist zu beachten, daß der Prozentsatz der Lehrpersonen, die gar keine Aussage gemacht haben, zu den entsprechenden Fragen in der Befragung zum Beginn und zum Ende der Fortbildung differiert.

Tabelle 11 zeigt, daß die Bücher hauptsächlich durch Kauf und durch Finanzierung mit Hilfe des Schuletats beschafft werden. Ein erheblicher Anteil der Bücher in der Klassenbücherei beruht jedoch auf Leihgaben oder Geschenken von Lehrpersonen, Eltern und Kindern.

Tabelle 11: **Beschaffung und Finanzierung der Bücher für die Klassen-bücherei** vor Beginn und bei Ende der Fortbildung nach Angaben der Lehrpersonen, Angaben in % (n = 273)

Die Bücher sind beschafft worden	Beginn	Ende
– durch Einzel- oder Blockausleihe	11	17
– als Leihgabe von Kindern oder Eltern	27	27
– als Geschenke von Kindern oder Eltern	30	32
– als Leihgabe oder Geschenk von mir selbst	41	48
– als Leihgabe oder Geschenk von Kollegen/Kolleginnen	10	5
– durch Kauf	53	61
– keine Aussage	21	17
Im Falle des *Kaufs* wurden die Bücher finanziert durch	Beginn	Ende
– den Schuletat	45	50
– eine Klassenkasse	4	6
– Elternspenden	11	16
– Lehrerspenden	6	10
– Spenden des Fördervereins	11	14
– von der Klasse oder der Schule selbst erwirtschaftetes Geld	18	11
– keine Aussage	36	28

Die Unterschiede in den Angaben zwischen Beginn und Ende der Fortbildung werden in der Tendenz bestätigt, wenn man eine Aus-zählung nur für die Lehrpersonen vornimmt, die in beiden Befragun-gen auf die entsprechende Frage geantwortet haben (n = 196, 157). Danach ist – relativ gesehen – die Beschaffung durch Einzel- und Blockausleihen von Bibliotheken am stärksten angestiegen.

Die Nutzungsformen der Klassenbücherei verdeutlicht die Abbil-dung 5.

Abbildung 5 zeigt, daß sich als vermutlicher Effekt der Fortbil-dungsmaßnahme eine verstärkte Nutzung der Klassenbücherei bei allen angesprochenen Nutzungsformen abzeichnet. Dabei werden besonders die Freiräume, die bei der Freien Arbeit und im sonstigen Unterricht gegeben sind, für den Einbezug der Klassenbücherei ge-nutzt.

Diesen Punkt abschließend, soll die Beurteilung der Lehrpersonen hinsichtlich der Klassenbücherei in der Abbildung 6 wiedergegeben werden.

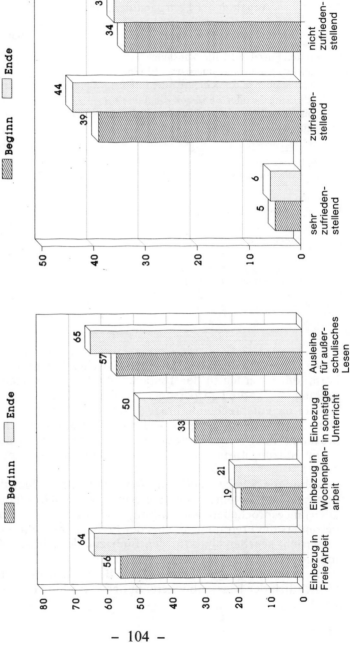

Abb. 5: **Nutzungsformen der Klassenbücherei** zum Beginn und zum Ende der Fortbildung nach Angaben der Lehrpersonen, Angaben in % (n = 273)

Abb. 6: **Beurteilung zur Situation der Klassenbücherei** zum Beginn und zum Ende der Fortbildung durch die Lehrpersonen, Angaben in % (n = 273)

Die leichte Verbesserung der Situation, die sich in den Tabellen 10 und 11 andeutet, scheint sich auch im Unterricht einzelner Lehrpersonen niedergeschlagen zu haben: Die Kategorien »zufriedenstellend« und »sehr zufriedenstellend« erfahren zusammen einen größeren Zuwachs als die Kategorie »nicht zufriedenstellend« – wobei zu bedenken ist, daß zum Ende der Fortbildungsmaßnahme 6% mehr Lehrpersonen ein Urteil zur Situation der Klasenbücherei abgegeben haben. Von den Lehrpersonen, die in beiden Befragungen ein Urteil abgaben (n = 201), haben 63% ihr Urteil beibehalten, 21% positiver und 16% negativer geurteilt. Letzere scheinen durch die Fortbildungsmaßnahme in ihrem Urteil eher kritischer geworden zu sein. Insgesamt sind die Urteilsverschiebungen statistisch nicht signifikant.

In der freien Anmerkung zur Situation der Klassenbücherei wurde in den Befragungen zum Beginn und zum Ende der Fortbildung – ähnlich wie bei der Kritik zur Lehrer- und Schülerbücherei – vor allem folgendes hervorgehoben:
– Der Bücherbestand sei im Hinblick auf Aktualität, Vielfalt und Altersgemäßheit unzureichend. Insbesondere fehle es an Sach- und Bilderbüchern, Nachschlagewerken und Ganzschriften.
– Es ständen zu wenig Mittel für Neuanschaffungen zur Verfügung.

3.5.3. Unterricht und Leseförderung

In der Eingangsbefragung haben wir erkundet, mit welcher Art von Leselehrgang die beteiligten Lehrpersonen arbeiten, welche Leselehrschrift und welche Schreiblehrschrift sie wählen. Dabei zeigt sich folgendes:
• Für das Lesenlernen wird in der Regel ein kommerzieller Leselehrgang gewählt (81%), nur ein kleiner Teil arbeitet mit einem eigenen Leselehrgang (4%). Bei den kommerziellen Leselehrgängen wurden die folgenden drei am häufigsten genannt:
– Bunte Fibel,
– Lesestart,
– CVK-Fibel.
• Als Leselehrschrift dominiert die Druckschrift (73%) vor der Schreibschrift (21%).
• Beim Schreiblehrgang wird vor allem die lateinische Ausgangsschrift (57%) vor der Druckschrift (26%) und der vereinfachten Ausgangsschrift (22%) zugrundegelegt. Da eine Reihe von Lehrpersonen bei dieser Frage zwei Schriftarten angekreuzt hat, ist davon auszugehen, daß beim Schreiblehrgang zum Teil von einer Schriftart zu einer anderen übergegangen wird.

Bezogen auf die Verwendung von Büchern bzw. Kinderbüchern liegen aus unserer Untersuchung folgende Ergebnisse vor:

- In der Eingangsbefragung gaben 67% der Lehrpersonen an, daß sie in den letzten beiden Jahren mit einer Ganzschrift im Unterricht gearbeitet hätten. 24% antworteten auf die betreffende Frage mit »nein«. Dabei ist zu beachten, daß 10% in den letzten beiden Jahren das Fach Sprache nicht unterrichtet haben.
- Bezogen auf die Frage nach der Verwendung von Kinderbüchern im Unterricht, antworteten in der Eingangsbefragung 83% mit »ja« und 8% mit »nein«. Bei einer Parallelfrage in der Befragung zum Ende der Fortbildung betrug der Anteil derer, die mit Kinderbüchern gearbeitet haben, 84%. Mit »nein« antworteten 6%, 9% haben in dem betreffenden Jahr nicht das Fach Sprache unterrichtet.
- Im Jahr der Fortbildung wurden Kinderbücher vor allem in folgenden Zusammenhängen eingesetzt:

Texterschließung (73%), kreative Gestaltungen zum Text (45%), Textproduktion (42%), Projekte mit Texten und Büchern (34%), Textbewertung (18%).

Insbesondere das letzte Ergebnis läßt darauf schließen, daß die Lehrpersonen versucht haben, Anregungen aus der Lehrerfortbildungsmaßnahme im Unterricht umzusetzen.

Tabelle 12 zeigt ergänzend, zu welchen Anteilen die beteiligten Lehrpersonen zum Beginn und zum Ende der Fortbildungsmaßnahme Bezüge zwischen dem Lesen in der Freizeit und dem Unterricht hergestellt haben.

Überraschend ist, daß die Bezüge zum Lesen in der Freizeit im Hinblick auf die beiden ersten Antwortmöglichkeiten leicht abgenommen zu haben scheinen. Möglicherweise liegt hier jedoch ein Ef-

Tabelle 12: **Bezüge zum Lesen der Kinder in der Freizeit** zum Beginn und zum Ende der Fortbildung nach Angaben der Lehrpersonen, Angaben in % (n = 273)

Bezüge zum Lesen in der Freizeit	Beginn der Fortbildung	Ende der Fortbildung
Ich fordere Kinder gelegentlich auf, über Bücher zu berichten, die sie gelesen haben	78	75
Ich verweise im Unterricht hin und wieder auf Kinderbücher für außerschulisches Lesen	~ 70[1]	67
Ich fordere Kinder gelegentlich auf, aus Büchern vorzulesen, die sie persönlich interessieren	nicht gefragt	67

[1] Aus kodierungstechnischen Gründen ließ sich diese Zahl nicht eindeutig errechnen.

fekt vor, der mit der Zahl der Antwortmöglichkeiten bei der Befragung zum Beginn und zum Ende der Maßnahme zusammenhängt. Bei der Befragung zum Ende der Fortbildung hatten wir – angeregt durch freie Anmerkungen der Lehrpersonen – eine dritte Antwortmöglichkeit ergänzt. Dieses hat möglicherweise ein anderes Antwortverhalten bewirkt.

Außer den vorgegebenen Antwortmöglichkeiten wurden in der Befragung zum Ende der Fortbildung in einzelnen Fällen noch genannt:
– Die Lehrperson stellt selbst Bücher vor.
– Jeden Morgen liest ein Kind aus einem selbstgewählten Buch etwas vor.

Abb. 7: **Einschätzung des Interesses der Kinder, eigene Geschichten zu schreiben,** zum Beginn und zum Ende der Fortbildung durch die Lehrpersonen, Angaben in % (n = 273)

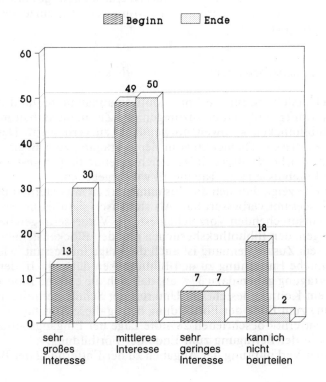

Interessant ist auch die Frage, ob die Aktivitäten zur Leseförderung ein gesteigertes Interesse am Schreiben eigener Geschichten hervorrufen können. Eine erste Einschätzung zu dieser Frage erlauben die Daten aus Abbildung 7.

Auch bei dieser Auszählung ist unter anderem auffällig, daß die Zahl derer, die die Antwort geben »kann ich nicht beurteilen«, bei der zweiten Befragung erheblich zurückgegangen ist. Insofern hat die Wahrnehmung des Interesses der Kinder, eigene Geschichten zu schreiben, erkennbar zugenommen.

Eine ergänzende Auszählung verdeutlicht, daß von den Lehrpersonen, die in beiden Befragungen eine Beurteilung vorgenommen haben (n = 223), 51% die gleiche Einschätzung abgaben, 40% positiver und 9% negativer urteilten. Der Vorzeichentest weist aus, daß die Urteilsverschiebungen zugunsten einer positiveren Beurteilung signifikant sind.

Darüber hinaus zeigen bedingte Auszählungen zur Abbildung 7, daß die Einschätzung des Interesses der Kinder um so günstiger ausfällt, je positiver die Lehrpersonen ihren eigenen Kenntnisstand zur Textproduktion beurteilen. Allerdings ist eine eindeutige statistische Interpretation wegen zu geringer Erwartungwerte bei einzelnen Zellen nicht möglich.

3.6. Zusammenarbeit mit externen Bibliotheken

Eine Zielvorstellung für die Fortbildungsmaßnahme bestand darin, die Lehrerinnen und Lehrer anzuregen, die Zusammenarbeit mit externen Bibliotheken – soweit notwendig – zu verbessern. Deshalb wurden zu diesem Themenkreis in der Befragung zum Beginn und zum Ende der Fortbildung einige gleichlautende Fragen gestellt. Ein Teil der Ergebnisse ist in Tabelle 13 wiedergegeben.

Tabelle 13 zeigt, daß sich die Zusammenarbeit mit externen Bibliotheken insgesamt verbessert hat. Als statistisch signifikant erweisen sich bei entsprechenden Vorzeichentests die Verbesserungen bei den Anregungen, den Bibliotheksbesuchen und den Blockausleihen.

In diesem Zusammenhang ist auch die Frage interessant, wie sich die räumliche Entfernung zu den Bibliotheken darstellt. In der Eingangsbefragung gaben dazu 37% an, daß sich die externe Bibliothek, mit der ein Kontakt besteht, im Umkreis der Schule befindet, in der Befragung zum Ende der Fortbildung betrug diese Angabe 45%. Als »weiter entfernt« beschrieben 28% die Lage der Eingangsbefragung und 29% in der Befragung zum Ende der Fortbildung.

Bei einer Verknüpfung der Angaben zu der Entfernung der Biblio-

Tabelle 13: **Zusammenarbeit mit externen Bibliotheken** zum Beginn und zum Ende der Fortbildung nach Angaben der Lehrpersonen, Angaben in % (n = 273)

Gesichtspunkte	Beginn	Ende
Ausdrückliche Anregungen zur Ausleihe von Büchern aus externen Bibliotheken geben den Schülern/-innen hin und wieder	70	80
Über Neuanschaffungen einer externen Bibliothek wurden regelmäßig informiert	7	9
Eine externe Bibliothek haben mit ihrer Klasse in den letzten beiden Jahren besucht	40	56
Blockausleihen aus einer externen Bibliothek haben für ihre Klasse in den letzten beiden Jahren vorgenommen	18	28
Anregungen für Beschaffungen haben einer externen Bibliothek in den letzten beiden Jahren gegeben	7	10
Einen neuen Kontakt zu einer oder mehreren externen Bibliotheken haben im Jahr der Fortbildung geknüpft	Frage nicht gestellt	24

theken mit den Angaben in Tabelle 13 zeigt sich, daß Anregungen zur Ausleihe von Büchern häufiger gegeben und Bibliotheksbesuche häufiger durchgeführt werden, wenn die Bibliothek im Umkreis der Schule liegt. Dieser Zusammenhang ist statistisch signifikant.

Diesen Punkt abschließend, haben wir die Lehrpersonen in der Befragung zum Beginn und zum Ende der Fortbildung jeweils um eine Beurteilung der Zusammenarbeit mit externen Bibliotheken gebeten. Die Ergebnisse zeigt Abbildung 8.

Abbildung 8 verdeutlicht, daß in der Befragung zum Ende der Fortbildung 88% der Lehrpersonen ein Urteil abgaben, während es in der Eingangsbefragung nur 66% waren. Das Urteil in der Befragung zum Ende ist – in statistisch signifikanter Weise – positiver, wenn die Möglichkeiten der Zusammenarbeit (nach Tabelle 13) genutzt wurden.

Bei denen, die in beiden Befragungen ein Urteil abgegeben haben (n = 169), zeigt sich folgende Tendenz: 61% gaben das gleiche Urteil ab, 20% beurteilen die Situation günstiger, 20% beurteilen sie schlechter. Insofern wird die Zahl derer, die Verbesserungen herbeigeführt oder festgestellt haben, durch die Zahl derer, die durch die Fortbildung eher kritischer geworden sind, ausgeglichen.

In den freien Anmerkungen zur Zusammenarbeit mit externen Bibliotheken wurde von einigen Lehrpersonen die gute Zusammenar-

Abb. 8: **Beurteilung der Zusammenarbeit mit externen Bibliotheken** zum Beginn und zum Ende der Fortbildung durch die Lehrpersonen, Angaben in % (n = 273)

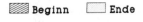

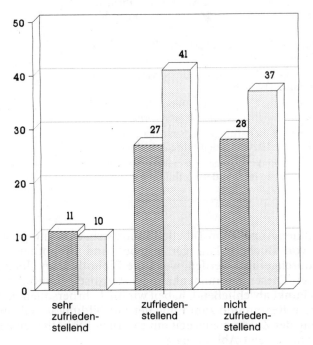

beit und das Entgegenkommen der Bibliotheken bzw. der Bibliothekarinnen und Bibliothekare hervorgehoben, von anderen wurden hauptsächlich folgende Erschwernisse genannt: Die Entfernungen zu den externen Bibliotheken seien zu groß, die Öffnungszeiten seien ungünstig, das Angebot sei zu gering oder die Bibliotheken zeigten zu wenig Interesse an der Zusammenarbeit mit der Schule.

4. Gesamtbeurteilung der Maßnahme

Für die Gesamtbeurteilung der Fortbildungsmaßnahme ist es zunächst hilfreich, die Erwartungen der Lehrpersonen und den Grad ihrer Erfüllung zu kennen. Entsprechende Ergebnisse aus der Befragung zum Beginn und zum Ende der Fortbildung sind in Tabelle 14 dargestellt.

Tabelle 14 zeigt, daß die Haupterwartungen der Teilnehmerinnen und Teilnehmer auf inhaltliche und methodische Anregungen für den Unterricht sowie auf neue Erkenntnisse zum »Lesen in der Grundschule« gerichtet waren. Am wenigsten wurden unmittelbar umsetzbare Unterrichtsentwürfe erwartet. Die Erwartungen, die nach dem Urteil der Lehrer am häufigsten als erfüllt angesehen werden können, sind der Erfahrungsaustausch mit Kolleginnen und Kollegen sowie Hilfen und Tips zur Verbesserung der schulischen Ausstattung mit Materialien zur Leseförderung und mit Kinderbüchern. Relativ gesehen am geringsten wurden die Erwartungen auf methodische Anregungen für den Unterricht und auf unmittelbar umsetzbare

Tabelle 14: **Erwartungen zur Fortbildung** gemäß Eingangsbefragung und deren **Erfüllung** im Urteil der Lehrpersonen zum Ende der Fortbildung, Angaben in % (n = 273)

Gesichtspunkte		1	2	3 [1) 2)]
Erfahrungsaustausch mit	Erwartung[1]	8	25	63
Kolleginnen und Kollegen	Erfüllung[2]	3	13	82
neue Erkenntnisse zum	Erwartung	3	5	90
»Lesen in der Grundschule«	Erfüllung	5	20	73
inhaltliche Anregungen	Erwartung	3	3	94
für den Unterricht	Erfüllung	7	19	73
methodische Anregungen	Erwartung	2	5	90
für den Unterricht	Erfüllung	12	18	70
unmittelbar umsetzbare	Erwartung	33	22	40
Unterrichtsentwürfe	Erfüllung	28	26	35
Hilfen und Tips zur Verbesserung der schulischen Ausstattung mit Materialien zur Leseförderung und mit Kinderbüchern	Erwartung	5	17	77
	Erfüllung	6	11	80
Hilfen und Tips für die Einrichtung bzw. Organisation von Lehrer-/ Schüler- und/oder Klassenbücherei	Erwartung	13	20	64
	Erfüllung	10	16	72

[1] Bei »Erwartung« bedeuten:
1 → überhaupt nicht oder weniger gegeben
2 → in mittlerer Weise gegeben
3 → weitgehend oder voll gegeben

[2] Bei »Erfüllung« bedeuten:
1 → Erwartung wurde überhaupt nicht oder weniger erfüllt
2 → Erwartung wurde in mittlerer Weise erfüllt
3 → Erwartung wurde weitgehend oder voll erfüllt

Unterrichtsentwürfe erfüllt, wobei in bezug auf die letztgenannte Einschätzung zu bedenken ist, daß dieser Punkt anfangs am wenigsten erwartet wurde.

Das Gesamtbild der Einschätzungen in Tabelle 14 läßt die Aussage zu, daß die Erwartungen an die Fortbildungsmaßnahmen im ganzen erfüllt worden sind.

In der folgenden Tabelle 15 sind weitere Beurteilungen zur Fortbildungsmaßnahme angeführt. Auch hier zeigt sich eine mehrheitliche Zustimmung zu den verschiedenen Aspekten. Im Vergleich der Einschätzung untereinander fällt allerdings auf, daß die Zustimmung bei drei Aspekten, relativ gesehen, schwächer ausfällt: Jeweils ca. ein Fünftel hält die Dauer der Fortbildungsmaßnahme für zu lang, die Stundenbefreiung und die Zahl der Kompaktveranstaltungen für zu gering.

Bei der Beurteilung der *Dauer der Fortbildung* konzentrieren sich die »zu kurz« und »zu lang«-Urteile auf einzelne Gruppen. Insofern kommen bei dieser Einschätzung gruppenspezifische Aspekte zum Tragen. Außer von den Gruppen hängt die Einschätzung von den verwendeten Arbeitsformen ab. In diesem Zusammenhang ist interessant, daß bei häufigerer Kleingruppenarbeit und Kontaktaufnahme mit Autoren sowie bei häufigerem Erfahrungsaustausch die Dauer öfter als »zu kurz« und seltener als »zu lang« im Vergleich zu den Durchschnittswerten bezeichnet wurde. Allerdings erreichen die obengenannten Ergebnisse nicht in jedem Einzelfall statistische Signifikanz bzw. lassen sich zum Teil wegen zu kleiner Erwartungswerte bei mehreren Zellen nicht eindeutig als statistisch gesichert ausweisen.

Bezogen auf die *Zahl der Kompaktveranstaltungen* gilt folgende Differenzierung:

• Wurde nur eine Kompaktveranstaltung durchgeführt, beurteilen die betroffenen Lehrpersonen die Anzahl zu 48% als zu gering und zu 48% als angemessen (n = 23).
• Bei zwei Kompaktveranstaltungen beträgt der Anteil der »zu gering«-Urteile 22% und der »angemessen«-Urteile 76% (n = 214).
• Drei oder mehr Kompaktveranstaltungen führten dazu, daß niemand mehr mit »zu gering« urteilte und 87% mit »angemessen« (n = 31).

Aufgrund dieser Beurteilungen sind zwei bis drei Kompaktveranstaltungen für die Fortbildungsmaßnahme als angemessen anzusehen.

Teils ergänzend, teils zusammenfassend haben wir die Lehrpersonen bei der Befragung zum Ende der Fortbildung gebeten, einige Aspekte der Maßnahme zu beurteilen. Das Ergebnis zeigt sich in Tabelle 16.

Tabelle 15: **Beurteilung verschiedener organisatorischer Teilaspekte** der Fortbildung durch die Lehrpersonen in % (n = 273)

Die *Dauer* der Fortbildungsmaßnahme insgesamt (ein Schuljahr) war	
zu kurz	15
zu lang	21
angemessen	62
Die *zeitliche Organisation* der Fortbildung (Veranstaltungen 14täglich) war	
zufriedenstellend	88
nicht zufriedenstellend	7
Der Umfang der *Stundenbefreiung* war	
zu gering	19
angemessen	77
Wie *verteilte* sich Ihre *Stundenbefreiung?*	
2 Stunden pro Woche	82
4 Stunden 14täglich	13
Die *Aufteilung* war	
zufriedenstellend	89
nicht zufriedenstellend	4
Wie viele *Kompaktveranstaltung(en)* sind in Ihrer Fortbildungsgruppe durchgeführt worden?	
keine	–
eine	9
zwei	78
drei oder mehr	12
Die *Anzahl der Kompaktveranstaltungen* war	
zu gering	21
zu groß	4
angemessen	73
Die *Dauer der einzelnen Kompaktveranstaltung(en)* war	
zu kurz	11
zu lang	3
angemessen	84
Die *Organisation der Kompaktveranstaltung(en)* war	
zufriedenstellend	94
nicht zufriedenstellend	4

Tabelle 16: **Zufriedenheit mit verschiedenen Aspekten der Fortbildung**
nach dem Urteil der Lehrpersonen,
Angaben in % (n = 273)

Aspekte der Fortbildung	0	1	2	3[1]
a) räumliche Bedingungen	3	10	30	55
b) Reihenfolge der Arbeitseinheiten	3	12	43	40
c) Teilnehmermaterialien	2	7	26	64
d) Inhalte der Fortbildung	1	8	35	55
e) Methoden der Fortbildung	4	14	33	49
f) Verwendung technischer Medien	2	12	38	45
g) Arbeitsklima	–	2	14	83

[1] Es bedeuten:
0 → unzufrieden
1 → eher unzufrieden
2 → eher zufrieden
3 → zufrieden

Insgesamt läßt Tabelle 16 den Schluß zu, daß die Teilnehmerinnen und Teilnehmer mit der Fortbildungsmaßnahme weitgehend zufrieden waren.

Erfreulich ist, daß das Arbeitsklima bei dieser Beurteilung die besten Werte erreicht. Bei bedingten Auszählungen zeigt sich, daß das Arbeitsklima im Falle von zwei, drei oder mehr Kompaktveranstaltungen – in signifikanter Weise – besser beurteilt wurde, als wenn nur eine Kompaktveranstaltung stattgefunden hat. Außerdem ist ein Zusammenhang mit einzelnen Arbeitsformen statistisch nachweisbar. Bei häufiger Diskussion im Plenum und Vorstellung von eigenen Arbeitsergebnissen sowie häufigem Erfahrungsaustausch wird das Arbeitsklima positiver beurteilt. Darüber hinaus deuten sich in der Beurteilung des Arbeitsklimas Unterschiede zwischen den Gruppen an, die allerdings wegen unzureichender Besetzung mehrerer Zellen statistisch nicht abgesichert sind.

Den relativ geringsten Grad an Zustimmung erhalten gemäß Tabelle 16 die Methoden der Fortbildung mit 82% eher zustimmenden und 18% eher zurückhaltenden Urteilen. Dabei ist interessant, daß häufige Kleingruppenarbeit, selbständige Arbeit, Diskussionen im Plenum, Vorstellung eigener Arbeitsergebnisse, praktische Erprobungen und Gestaltungen sowie häufiger Erfahrungsaustausch statistisch signifikant mit besseren Beurteilungen verbunden sind. Auch bei der Zufriedenheit mit den Fortbildungsmethoden sind deutliche

Unterschiede bei einzelnen Gruppen erkennbar, selbst wenn sie wegen zu geringer Besetzung mehrerer Zellen statistisch nicht eindeutig abgesichert werden können.

Eine weitere Beurteilung, die wir von den Lehrpersonen erbeten haben, bezieht sich auf das Verhältnis von Zeitaufwand und Lerngewinn. Es zeigt sich, daß der Zeitaufwand im Verhältnis zum persönlichen Gewinn von 29% als zu groß, von 66% als angemessen und 3% als gering eingeschätzt wird.

Bedingte Auszählungen zu dieser Einschätzung lassen folgende Zusammenhänge erkennen:

- Bezogen auf die Arbeitsformen sind häufige Diskussionen im Plenum, häufiges Vorstellen von eigenen Arbeitsergebnissen, häufiger Erfahrungsaustausch und häufige praktische Erprobungen sowie häufige Kontaktaufnahmen mit Autoren bzw. Lesungen statistisch signifikant mit dem Urteil verbunden, daß der Zeitaufwand angemessen und nicht zu groß war.
- Ähnliches gilt für den Kenntniszuwachs bei einzelnen Inhaltsbereichen. Der Zeitaufwand wird eher als angemessen und nicht als zu groß bezeichnet, wenn sich bei der Kenntniseinschätzung zu den folgenden Inhaltsbereichen positive Veränderungen zeigen: Methoden der Texterschließung, Verfahren zum kreativen Umgang mit Texten, Möglichkeiten der Textproduktion sowie Textbewertung und -auswahl für den Unterricht.
- Auch bei der Einschätzung, in bezug auf die Umsetzung verschiedener Ziele viel dazugelernt zu haben, gibt es statistisch signifikante Bezüge zur Beurteilung des Aufwandes. Der Zeitaufwand wird eher als angemessen eingeschätzt, wenn gesagt wird, daß in folgenden Bereichen viel dazugelernt wurde: Vermittlung der Fähigkeit, Texte selbständig zu erschließen, mit Texten kreativ umzugehen, Texte selbst zu produzieren, Vermittlung von Freude am Lesen, am kreativen Umgang mit Texten und an der eigenen Textproduktion.
- Ebenso ist der Zusammenhang zwischen der Einschätzung des Arbeitsklimas und der Einschätzung des Aufwandes statistisch signifikant.
- Außerdem zeigen sich Unterschiede bei der Bewertung des Zeitaufwandes in den einzelnen Gruppen, die allerdings – wiederum wegen einer Reihe zu kleiner Erwartungswerte – nicht eindeutig durch den Chi^2-Test abgesichert werden können.

Schließlich haben wir gefragt, ob die Lehrpersonen ihren Kolleginnen und Kollegen eine Teilnahme an einer entsprechenden Fortbildungsveranstaltung empfehlen würden. 82% antworteten mit »ja«, 8% mit »nein« und 10% mit »weiß ich nicht«. Bei einer Verknüpfung der Antworten zu dieser Frage mit anderen Antworten zeigen sich insgesamt ähnliche Zusammenhänge mit dem Umfang der verwendeten Arbeitsformen, mit dem Kenntniszuwachs, mit der Fähigkeit zur Umsetzung lesefördernder Ziele, mit dem Arbeitsklima und den Gruppen, wie sie oben zur Frage des Aufwandes dargestellt wurden.

Die Fragen zur Beurteilung der Fortbildungsmaßnahme wurden im Fragebogen mit der Möglichkeit abgeschlossen, Verbesserungsvorschläge zu formulieren. 19% der Teilnehmerinnen und Teilnehmer nutzten diese Möglichkeit. Relativ gesehen am häufigsten wurde folgendes gewünscht:

- mehr Praxis, d. h. stärkere Besprechung von Unterrichtsbeispielen und intensivere Betonung der Unterrichtsdurchführung, mehr eigene Erprobungen: 7%
- wöchentliche Durchführung der Veranstaltungen: 4%
- Straffung der Themen und des schriftlichen Theorieteils: 3%
- Kompaktveranstaltungen hätten zu Beginn des Schuljahres stattfinden sollen: 3%
- Verbesserungen der Arbeitsmaterialien, d. h. der Aufgabenstellungen und der Informationsmaterialien in der Mappe: 2%
- Verlängerung der Maßnahme, um ein intensiveres Arbeiten zu ermöglichen: 2%
- systematischeres Vorgehen, so daß der »rote Faden« erkennbar bleibt: 2%.

Neben weiteren – eher singulären – Hinweisen wurde in den freien Kommentaren auch von einigen Lehrpersonen herausgestellt, daß die Fortbildungsmaßnahme Spaß gemacht habe, daß es zu einem wertvollen Erfahrungsaustausch mit Kolleginnen und Kollegen gekommen sei und daß die Maßnahme fortgesetzt werden sollte.

Zusammenfassend lassen sich auf der Basis der Untersuchungsergebnisse vor allem zwei Empfehlungen formulieren:

• Die Schulen sollten so unterstützt werden, daß sie die Ausstattung sowie die personalen, räumlichen und organisatorischen Bedingungen ihrer Lehrer-, Schüler- und Klassenbüchereien verbessern können. Parallel sollte die Zusammenarbeit mit externen Bibliotheken verbessert werden. Dieses erfordert auch die Weiterentwicklung der Bereitschaft und der Möglichkeiten zur Zusammenarbeit auf seiten der externen Bibliotheken.

• Wie es bei der ersten Durchführung der Fortbildungsmaßnahme zum größten Teil geschehen ist, sollten auch bei zukünftigen Fortbildungsmaßnahmen die personalen, räumlichen und organisatorischen Bedingungen so gestaltet werden, daß in den Gruppen eine hinreichende Verständigung über Ziele, Inhalte, Arbeitsformen und Organisation der Maßnahme zwischen den Moderatorinnen und Moderatoren sowie den teilnehmenden Lehrpersonen erfolgen kann. Dieses erfordert unter anderem, daß auch in Zukunft hinreichende Mittel für Kompaktveranstaltungen, für Einladungen von Kinderbuchautoren und von externen Referenten sowie für weitere geeignete Aktivitäten zur Verfügung stehen.

Bei allen Aktivitäten und Maßnahmen zur Leseförderung sollte allerdings im Blick bleiben, daß die Leseförderung »nur« eine von vielen wichtigen Aufgaben der Schule ist. Insofern steht sie in Konkurrenz, zum Teil auch in Verbindung mit anderen Aufgaben der Schule. Insgesamt sollte ein angemessener Ausgleich zwischen den verschiedenen Aufgaben der Schule stattfinden, so daß die Betonung einer Aufgabe nicht zur Vernachlässigung anderer Aufgaben führt.

Bei Beachtung dieser Empfehlungen bzw. Überlegungen können zukünftige Fortbildungsmaßnahmen zur Leseförderung eine ähnlich gute Resonanz bei den Teilnehmerinnen und Teilnehmern erfahren wie die erste Durchführung und in einzelnen Punkten sogar noch wirkungsvoller verlaufen.

Verzeichnis der Tabellen

Verzeichnis der Abbildungen